Gerhard Wagner

Wandern
in Schleswig-Holstein

Boyens

BOYENS
BUCHVERLAG

ISBN 3 8042-1162-3

Fotos: Gerhard Wagner
Gestaltung und Karten: Horst-Dieter Landeck
Herstellung und Druck: Boyens Offset, Heide
Printed in Germany

Wandern in Schleswig-Holstein

Die Süllbergterrassen in Hamburg-Blankenese im Frühjahr (Wanderung 41).

Inhalt

Wenn der Raps blüht, ist der Blick zum Bungsberg besonders schön (Wanderung 31).

Westholstein

Ostholstein und Lauenburg

Großraum Hamburg

Der weite Himmel über zerzausten Bäumen: Gelsautal in Nordschleswig (Wanderung 2).

Zwischen Natur und Urbanität

„Schleswig-Holstein, meerumschlungen“: Die ersten Worte des Schleswig-Holstein-Liedes beschreiben zutreffend, was Wanderer bei ihren Touren durch Deutschlands nördlichstes Bundesland zu sehen bekommen. In Schleswig-Holstein kann man dem Wasser kaum ausweichen. Nord- und Ostsee, zahllose Seen und eine Vielzahl von Wasserläufen geben der Region einen unverwechselbaren Charakter. Und so ist es kein Wunder, dass eine Reihe von Touren dieses Wanderführers unmittelbar mit dem Wasser oder seiner gestalterischen Wirkung zu tun haben.

Das Land zwischen den Meeren bietet Wanderern aber auch sonst eine Vielzahl von Möglichkeiten. Ausgedehnte Heideflächen schaffen Naturerlebnisse, so als bewege man sich abseits der Zivilisation. Schattige Wälder spenden kühle Erholung an warmen Sommertagen. Steilküsten, Geesthänge und die Hügel der Holsteinischen Schweiz erfordern zwar keine alpinistischen Fertigkeiten, doch sind sie der Raum, auf dem Wanderungen erst zu richtigen Erlebnissen werden: bergauf und bergab mit immer wechselnden Ein- und Ausblicken. Dazwischen liegt das urbane Schleswig-Holstein, das durch die Wanderwege verbunden ist und den Wanderer zur Erkundung der vielen malerischen Orte einlädt. Und nicht zuletzt gilt es, den Genuss der abwechselungsreichen Küche des Nordens zu entdecken.

Wanderungen in Schleswig-Holstein sind keine kilometerfressenden Gewaltmärsche. Die Touren sind so angelegt, dass immer genügend Zeit bleibt für Erkundungen am Wegesrand, für Ruhepausen oder ein Bad. Muße und Entspannung sind charakteristisch für das Urlaubsland Schleswig-Holstein. Und damit auch ein Leitmotiv für Wanderungen, sei es auf dem Weg über sanfte Hügel oder im rätselhaften Vorland der Nordsee. Die angegebenen Gehzeiten sind deshalb nur ein Anhalt, um bei der Planung den Zeitaufwand einschätzen zu können.

Dieses Buch ist ein reiner Wanderführer. 42 ausgewählte Touren führen durch typische Landschaften Schleswig-Holsteins und Hamburgs. Auf eine detaillierte Beschreibung von Sehenswürdigkeiten wurde zu Gunsten der präzisen Darstellung der Strecken verzichtet. Wer mehr über touristische Anziehungspunkte erfahren möchte, sei auf die reichhaltige Reise-Literatur hingewiesen.

Op ewig ungedeelt – ein bisschen Geschichte

Deutschlands Norden ist ein südlicher Landesteil. Südschleswig erstreckt sich von der Eider bis zur dänischen Grenze. Dahinter, zwischen Flensburg und Kolding, Süderlügum und Ripen/Ribe, liegt Nordschleswig. In Dänemark ist dies der Landkreis Südjütland/Sønderjylland mit der Kreisstadt Apenrade/Aabenraa.

Schleswig-Holstein war bis 1864 ein von Kopenhagen aus regiertes Land, mit dem Verwaltungssitz Schloss Gottorf (Schleswig-Stadt) für die beiden Herzogtümer Schleswig und Holstein. Die historische Grenze Schleswigs verlief im Norden, ostwärts von Kolding beginnend, an den Flüsschen Kolding Au und Königsau entlang, unter Einschluss der Stadt Ripen/Ribe, zur Nordsee. 1460 wurde in eben dieser Stadt der dänische König von den schleswig-holsteinischen Ständen als Regent für das ganze Land gewählt, und dafür versprach er in einer Urkunde die Einheit des Landes: „dat se bleven ewich tosamende ungedeelt“.

Ein frommer Wunsch, die Wirklichkeit gestaltete sich ungleich komplizierter. In der dänischen Zeit unterstand Schleswig zwar zumeist direkt der dänischen Krone, Holstein dagegen wurde zeitweise durch Herzöge, die wiederum mit dem König verwandt waren, regiert. Es gab jedoch kein festes schleswigsches oder holsteinisches Gebiet. In Schleswig lagen herzogliche (holsteinische) Anteile, in Holstein königliche. Altona war übrigens eine holsteinische Stadt, während Lübeck und das Herzogtum Lauenburg gar nicht zu Schleswig-Holstein gehörten. Der Herzog von Holstein war in seiner Funktion Mitglied des Deutschen Bundes. Das galt wiederum nicht für den Landesteil Schleswig. Alles schien also recht undurchsichtig, aber problemlos. Bis sich in der Mitte des 19. Jahrhunderts nationale Strömungen etablierten. Plötzlich war es von Bedeutung, ob man dänisch oder deutsch sprach, der einen oder anderen nationalen Gesinnung anhing.

1848 kam es zur schleswig-holsteinischen Erhebung gegen Dänemark, weil der Landesteil Schleswig zum dänischen Verfassungsgebiet werden sollte, ein Verstoß gegen den Vertrag von Ripen. 1852 war die Erhebung gescheitert. Das

Land stand nach wie vor unter dänischer Herrschaft. Einen Versuch des dänischen Königs, Schleswig von Holstein zu trennen und unter Aufgabe Holsteins fest nach Dänemark zu integrieren, nahm Otto von Bismarck zum Anlass, in Schleswig-Holstein einzumarschieren. 1864 schlugen preußische und österreichische Truppen das dänische Heer und besetzten ganz Schleswig-Holstein. Nach dem Krieg Preußens gegen Österreich mussten die Österreicher aus Schleswig-Holstein abziehen. 1867 wurde Schleswig-Holstein preußische Provinz und schließlich ab 1871 auch Teil des Deutschen Reiches. Die nördliche Reichsgrenze wurde leicht korrigiert. Ribe und einige Gemeinden in der Umgebung Koldings verblieben bei Dänemark. Nach Ende des Ersten Weltkrieges wurde in einer Volksabstimmung die bis heute gültige Grenze zwischen Deutschland und Dänemark festgelegt. Schleswig wurde geteilt. Auf dänischer Seite gilt das Jahr 1920 als das der Wiedervereinigung (Genforening). Sprachliche Minderheiten von Dänen und Deutschen leben seitdem beiderseits der Grenze.

So ist es kein Wunder, dass dem Wanderer in Schleswig-Holstein auf Schritt und Tritt eine wechselvolle, zuweilen kuriose und kaum verständliche Geschichte begegnet und dass er unter Umständen verschiedene historische oder sprachliche Grenzen überschreitet.

Hinweise zum Gebrauch des Buches:

Jeder Wanderung ist eine kurze Charakterisierung der Strecke vorangestellt. Der grün unterlegte Teil enthält wichtige Informationen zur Streckenlänge, Anfahrt zum Parkplatz und Hinweise zur Informationsbeschaffung über Fahrpläne.

Jede Wanderung verfügt über eine Wegeskizze. Sie gibt einen groben Überblick über den Streckenverlauf. In sie eingearbeitet wurden Wegepunkte des GPS-Navigationssystems. Die dazugehörigen Daten stehen unter der Skizze. In der Beschreibung der Wanderung wurde auf die Wegepunkte Bezug genommen. Sie finden sich, wie in der Karte dargestellt, auch im Text wieder. Wer ohne GPS-Unterstützung wandert, kann die Wegepunkte ignorieren.

Die Wanderungen auf Sylt (7.–10.) sollten während eines Inselaufenthaltes, z. B. verlängertes Wochenende, unternommen werden, da die Überfahrt (auch von Röm) mit dem Pkw nicht billig ist. Alle anderen Wanderungen (auch die auf den Inseln) können als Tagestouren geplant werden.

1. Skamlingsbanke

Die Anhöhe Skamlingsbanke ist mit 113 Metern die höchste Erhebung Nordschleswigs. Sie bietet eine großartige Aussicht in alle Richtungen. Skamlingsbanke ist zugleich eine bedeutende dänische Gedenkstätte, die an die Auseinandersetzung um die dänische Gesinnung in Schleswig während des 19. Jahrhunderts erinnert.

Eine Reihe von Gedenksteinen steht auf Skamlingsbanke.

Charakter der Tour: Die Wanderung verläuft durch eine hügelige Gegend sowohl in Mischwaldgebieten als auch über freie Flächen und direkt am Strand der Ostsee entlang. Dort gibt es Bademöglichkeiten. **Beste Jahreszeit:** während des ganzen Jahres möglich • **Reine Gehzeit:** 1 Stunde, 50 Minuten • **Streckenlänge:** 6,8 Kilometer • **Markierung:** Stilisierter weißer Wanderer auf blauem Grund mit Richtungspfeil • **Einkehren:** Restaurant an der Gedenkstätte (nicht ständig geöffnet), Imbiss an der Gedenkstätte • **Karten:** Sønderjyllands Amt, Skamlingsbanken, Teknisk forvaltning • **Ausgangspunkt:** Parkplatz am südlichen Ende von Grønninghoved Strand, einer Ferienhaus-Kolonie. Man erreicht ihn von Christiansfeld, wenn man über die Straße Nr. 170 nach Norden fährt und dann über Vejstruprod und Sjølund nach Grønninghoved. Dort folgt man der Ausschildung Stranden bzw. Camping. Der Parkplatz liegt noch hinter dem Campingplatz. Von der Autobahn nimmt man die Abfahrt Kolding Süd Richtung Kolding, in Kolding die erste Straße rechts und man ist auf der 170. Dann Richtung Sjølund abbiegen, danach wie oben.

① Ausgangspunkt – ② Abzweig, 30 Minuten Gehzeit, 2200 Meter

UTM-Wegepunkte:

①	32 U	05 37 779	61 40 468
②		05 36 927	61 41 138
③		05 35 801	61 41 504
④		05 37 497	61 41 589

Den Parkplatz im Rücken gehen wir nach rechts die Asphaltstraße zurück, auf der wir gekommen sind, passieren den Campingplatz und biegen kurz darauf rechts in den Fuglsangvej ab. Er ist als Radweg ausgeschildert. 50 Meter weiter, noch auf Höhe des Campingplatzes, biegen wir links in einen Weg ab, der als Wanderweg „Skamlingsbanke Stien“ gekennzeichnet ist. Zusätzlich mit dem stilisierten Wanderer auf blauem Grund.

15 Minuten später stehen wir an einem Weg, der als Fahrweg durch den Wald führt. Hier steht ein Wegeschild mit verschiedenen Richtungsangaben. Unter anderem nach rechts, „Skamlingsbanke, 2,8 km“. Wir nehmen diesen Weg. Nach etwa 1000 Metern erreichen wir eine Stelle, wo der markierte Weg „Skamlingsbanke Stien“ nach rechts abzweigt. Wir folgen ihm. Zehn Minuten später stehen wir auf einem freien Platz über der Ortschaft Grønninghoved Strand. Der Weg „Skamlingsbanke Stien“ zeigt nach links.

② Abzweig – ③ Skamlingsbanke-Säule, 48 Minuten Gehzeit, 2400 Meter

Der Weg führt zunächst am Waldrand entlang, dann öffnet sich das Gelände wieder. Wir passieren ein gelbes Haus, der markierte Weg zweigt nach rechts ab, wir folgen ihm. Nachdem wir einige Hügel überquert haben, kommen wir wieder in den Wald. Wir überqueren mittels eines Steges einen Bach und stoßen in einer Senke auf einen Querweg. Der Strand ist nach rechts ausgeschildert. Diesen Weg nehmen wir nachher. Wir gehen jetzt links, Richtung Skamlingsbanke. 800 Meter sind angegeben.

Wir passieren den Glockenturm und erreichen somit die ersten Denkmale der Anlage von Skamlingsbanke. Wir gehen links weiter und erreichen nach kurzem Aufstieg die Skamlingsbanke-Säule nebst Gaststätte und Imbiss. Wir befinden uns auf der höchsten Erhebung Nordschleswigs.

③ Säule – ① Ausgangspunkt, 52 Minuten Gehzeit, 3400 Meter

Wir gehen an der Denkmalreihe entlang. Nachdem wir die Gedenkstätte besichtigt haben, verlassen wir über den Glockenturm das Gebiet auf dem Weg, auf dem wir gekommen sind. Wir passieren bald darauf zu unserer Rechten den Steg über den Bach, halten uns diesmal jedoch geradeaus. 20 Minuten später kommen wir am Strand Grønninghoved Nord an. ④ Wir halten uns rechts, passieren ein Schild „Christiansfeld Kommune“ und gehen am Strand entlang zum Ausgangspunkt zurück.

Sanft ansteigende Hügel sind typisch für das Gebiet um Skamlingsbanke.

2. Gelsautal

Wie aus dem Bilderbuch: Sandwege und Heide in Nordschleswig.

Das Gelsautal ist eine wild-herbe Landschaft, deren Reiz sich aus der Abwechselung von Heide, Grasflächen, Wald und kleinen Bachläufen ergibt. Teilweise führt der Weg auch durch hügeliges Gelände.

Charakter der Tour: Rundwanderung, überwiegend auf unbefestigten Wegen. Orientierung nicht immer ganz einfach. ● **Beste Jahreszeit:** ganzjährig möglich ● **Reine Gehzeit:** 3 Stunden, 30 Minuten ● **Streckenlänge:** 12,7 Kilometer ● **Markierung:** zeitweise stilisierter Wanderer, verschiedene farbige Punkte ● **Einkehren:** keine Einkehrmöglichkeit ● **Karten:** Sønderjyllands Amt, Teknisk forvaltning, Gelsådalen ● **Ausgangspunkt** ist die Sankt Thøger Kirche an der Autostraße 24 zwischen Gram und Ribe

① Ausgangspunkt – ② Aussichtspunkt, 35 Minuten Gehzeit, 2200 Meter

Vom Parkplatz Sct. Thøger an der Straße Nummer 24 nehmen wir den ins Buschwerk führenden Wanderweg, der parallel zur Straße entlang führt. Wir passieren einen Gedenkstein, der an die Existenz einer Kirche erinnert. Der Weg ist mit einem kleinen stilisierten weißen Wanderer auf blauem Grund gekennzeichnet. Sieben Minuten später durchschreiten wir ein Drehkreuz. Wir gehen nach rechts

weiter. Wir kommen an einigen Häusern vorbei und erreichen eine Asphaltstraße, der wir nach links folgen. Nach wie vor folgen wir der Markierung mit dem weißen Wanderer auf blauem Grund. Wir befinden uns in dem Ort Enderupskov. Wir gehen in den Weg Aftægten hinein und lassen die Abzweigung nach Stensbæk, 3 km, links liegen. Der Asphaltweg mündet kurz hinter dem Ort in einen Sandweg und führt zu einem Parkplatz. Nach links ist Aftægten ausgeschildert. Wir nehmen diesen Weg.

UTM-Wegepunkte:

1	32 U	04 98 081	61 26 484
2		04 96 294	61 26 551
3		04 96 166	61 26 127
4		04 95 357	61 27 610
5		04 94 516	61 26 053
6		04 95 175	61 25 367
7		04 96 454	61 25 367
8		04 97 700	61 24 930

2 Aussichtspunkt – Parkplatz, 38 Minuten Gehzeit, 2200 Meter

Wir stehen am Aussichtspunkt Aftægten mit Blick auf die Niederung der Gelsau. Wir nehmen anschließend den Weg zurück in den Ort und gehen jetzt den Weg Richtung Stensbæk. Drei Minuten später, im Stensbæksvej von Enderupskov, gehen wir nach rechts. Kurz darauf überqueren wir die Gelsau. Vor dem Gebäude Aaskovhus und dem Schild nach rechts „Mølby“ (Mølbyvej) biegen wir nach rechts ab. Nach 18 Minuten, an einer Wegekreuzung 3, nehmen wir den Weg nach rechts. Auf Höhe eines kleinen Parkplatzes erreichen wir die Ausläufer der Aaskov-Heide.

Parkplatz – (4) Gelsbro, 10 Minuten Gehzeit, 900 Meter

Wir folgen dem Weg weiter geradeaus und erreichen zehn Minuten später den Parkplatz an der Häusergruppe Gelsbro an der Straße 24. Wir gehen parallel zur Straße links weiter (4). Hinter den Häusern nehmen wir einen Pfad nach links am Rand der Heide entlang, rechts beginnt ein Waldgebiet.

(4) Gelsbro – (6) Wegekreuzung, 45 Minuten Gehzeit, 3000 Meter

20 Minuten später stoßen wir auf einen Querweg und halten uns links auf die Heide zu. (5) Wir gehen 60 – 70 Meter in den Wald hinein. Eine erste sandige Stelle, die als Reitweg genutzt wird, passieren wir, ohne nach links abzubiegen. Wir stoßen auf eine kleine Kreuzung. Der Weg fällt nach links leicht ab. Wir nehmen diesen nach links führenden Weg, der ebenfalls als Reitweg genutzt wird. Kurz darauf erreichen wir wieder die offene Dünenlandschaft und halten uns kurz rechts. In einer Senke unmittelbar vor uns liegt eine Kreuzung von Reitwegen. Sie ist mit einem Pfahl und Hufeisen markiert. Wir gehen nach links auf einem kleinen Grasweg in die Dünen hinein. Bald darauf verlassen wir den Hauptweg, der links weiterführt und nehmen einen schmalen Weg nach rechts. Wir gehen auf eine Gruppe von Fichten und Wacholder zu. Vor ihr halten wir uns links auf einem kleinen Sandpfad.

Wir folgen diesem Pfad, der auch wieder ein Reitweg ist. Links neben uns wendet sich der von uns zuvor benutzte Hauptweg jetzt langsam nach links und verschwindet bald darauf. Wir gehen auf unserem jetzigen Weg geradeaus durch niederes Gehölz. Wir passieren kurz darauf einen kleinen Markierungsstein, der links von uns liegt. Unter einer Krone ist die Zahl 18 eingemeißelt.

Der Weg beschreibt eine Linkskurve. Wir halten uns rechts und folgen weiter den Markierungen mit dem Hufeisen. Kurz darauf an einer Wegekreuzung gehen wir links.

(6) Kreuzung – (7) Rastplatz Goliaths Hoved, 25 Minuten Gehzeit, 1200 Meter

Aus dem Varminglundvej kommend erreichen wir eine große Kreuzung. Wir gehen geradeaus weiter, lassen zwei nach links abzweigende Wege und einen nach rechts führenden Weg liegen. Wir passieren ein Verkehrsschild, das besagt, dass dieser Weg weder von Autos noch von Motorrädern befahren werden darf.

An einer auffällig großen Fichte erreichen wir eine Kreuzung. Der Varminglundvej ist in die Richtung ausgeschildert, aus der wir kommen. Geradeaus führt ein Grasweg, wir gehen jedoch rechts weiter. Aus dem Gelbrovej kommend erreichen wir den Parkplatz Goliaths Hoved. Dort sind die markierten Wanderwege der Karte (gelb, grün, rot) ausgeschildert. Wir folgen dem Weg, der links über den Parkplatz führt. Der Parkplatz verfügt über Sitze und Tische, im Hintergrund ist eine kleine Hütte zu sehen.

(7) Rastplatz – Gelsau, 38 Minuten Gehzeit, 1700 Meter

Wir nehmen den Weg, auf dem wir die Hütte passieren. Wir kommen an einem Baum mit den Markierungen gelber, roter und grüner Punkt vorbei. Wir erreichen kurz darauf einen Querweg und gehen rechts weiter bis zur nächsten Kreuzung, die schon vor uns liegt. Von dort gehen wir links, der gelb-rot-grünen Markierung folgend. Der „grüne" Pfad knickt rechts ab. Wir gehen geradeaus weiter und folgen der Markierung gelb-rot.

Wir passieren eine Kreuzung nebst kleiner Markierungstafel. Etwa 150 Meter dahinter stoßen wir erneut auf eine kleine Kreuzung, der grüne Weg kommt von rechts zurück und geht nach links. Wir sehen schon einen Pfahl mit dem grünen Punkt. Wir halten uns jetzt links zwischen zwei Dünen hindurch, direkt in die Heide hinein. (8)

Wir stoßen auf einen Querweg, genau an der Stelle, wo ein Baum mit einem grünen Punkt markiert ist. Der Weg geradeaus ist versperrt, da dort der Wald abgeholzt und Erde aufgeschoben worden ist. Wir halten uns rechts. Nach 50 Metern kommen wir an einem großen Markierungsstein vorbei und gehen links. Wir erreichen einen Querweg. Direkt vor uns fließt die Gelsau.

Gelsau – (1) Ausgangspunkt, 25 Minuten Gehzeit, 1100 Meter

Wir gehen links und müssen aufpassen: Sofort müssen wir nach rechts in einen schmalen Pfad hineingehen, den man leicht übersehen kann. Dort begegnet uns die Markierung grüner Punkt wieder. Auf keinen Fall auf dem linken Weg weitergehen. Wenn wir dort bei dem ersten Pfosten mit gelbem Punkt angelangt sind, sind wir schon zu weit.

Nach einigen hundert Metern durch dichtes Unterholz stoßen wir plötzlich wieder auf das kleine Wandermännchen, mit dem unsere Tour begann. Ein Pfeil zeigt geradeaus. Wir gehen jedoch nicht geradeaus weiter, sondern halten uns scharf rechts. Nach ca. 20 Metern treffen wir erneut auf die Markierung mit dem weißen Männchen und folgen dem Pfeil nach links. Kurz darauf ist bereits der Weg zurück zur Sct. Thøger Kirche wieder ausgeschildert.

Über eine Behelfsbrücke passieren wir ein kleines Gewässer, gehen danach links durch ein Drehkreuz und folgen weiter dem ausgeschilderten Weg mit dem Piktogramm weißes Männchen zurück zum Ausgangspunkt.

Markierungen an Bäumen oder Pfählen begleiten gelegentlich unseren Weg.

3. Haderslebener Tal

Wanderweg auf den Anhöhen, die das Haderslebener Tal umgeben.

Das Haderslebener Tal verläuft in West-Ost-Richtung zwischen Woyens/Vojens und der Ostsee. Es ist von zahlreichen Seen, kleinen Bachläufen und Wäldern durchzogen. Sein Wildreichtum ist bemerkenswert, besonders in einem Gehege für Damwild, dem Wildpark Hadersleben.

Charakter der Tour: Die Wanderung ist eine Rundwanderung an mehreren Gewässern entlang sowie durch den Tierpark Hadersleben. • **Beste Jahreszeit:** ganzjährig • **Reine Gehzeit:** 2 Stunden, 40 Minuten • **Streckenlänge:** 11 Kilometer • **Markierung:** Gelber Punkt, Roter Punkt, Stilisierter Wanderer • **Einkehren:** Cafeteria am Informationszentrum Nørskovsgaard, Restaurant Damende • **Karten:** Pamhule og Haderslev Sønderskov, Dänisches Umwelt- und Energieministerium • **Ausgangspunkt:** Parkplatz Christiansdal. Man erreicht ihn über die Autobahn E 45, Abfahrt Vojens (zwischen Hadersleben Süd und Nord), in den Ort Hammelev/Hammeleff hineinfahren, links Richtung Christiansdal abbiegen und dem Christiansdalvej folgen. Dann der Ausschilderung Vandkraftsanlæg folgen. Der Parkplatz liegt an der Wasserkraftanlage.

① Ausgangspunkt – ② Seeufer Hindemade, 20 Minuten Gehzeit, 900 Meter

Vom Parkplatz gehen wir an einem weißen Haus vorbei kurz in den Wald hinein. Wir biegen sofort links ab in den Ungarervej (Roter Punkt, Wandermännchen). Nach 400 Metern geht der markierte Weg an einer Verzweigung nach links ab. Wir folgen dem Weg. 20 Minuten später, nach 900 Metern, stehen wir am Ufer des Hindemade. Links liegt ein Parkplatz. Der Wanderweg gabelt sich hier. Er verläuft einmal geradeaus am Nordufer entlang und führt auch direkt nach Süden, auf das Südufer zu. Wir biegen nach rechts ab und gehen auf einem breiten Weg nach Süden, auf den Wald zu. Der See liegt linker Hand.

② Hindemade – ③ Eingang Wildpark, 25 Minuten Gehzeit, 1400 Meter

Wir treten in den Wald ein. Wir folgen dem nach links ausgeschilderten Damvej. An einer Verzweigung gehen wir geradeaus. Wir passieren links den Geheimeraadens Sti, und folgen der Ausschilderung roter Punkt. Zehn Minuten später zweigt der Geheimeraadens Sti nach links ab. Wir passieren jedoch geradeaus ein rotes Tor. Es ist der Eingang zum Wildpark. Wir folgen der gelben Ausschilderung.

③ Eingang Wildpark – ⑤ Bergs Plads, 35 Minuten Gehzeit, 2500 Meter

An der nächsten Verzweigung verlassen wir den gelb markierten Hauptweg und wenden uns nach rechts in einen nicht markierten Fahrweg. Der Weg macht knapp neun Minuten später eine Linkskurve und wendet sich wieder dem Tal zu. Überall ist Damwild zu sehen. Zehn Minuten darauf erreichen wir den Nørskovgaardvej, eine Straße, die von rechts kommt und passieren wieder ein rotes Tor. ④ Wir gehen auf das Anwesen zu. Es ist eine ökologische Informationsstelle mit einer Caféteria, die Speisen und Getränke anbietet.

Wir halten uns entweder sofort links oder nach Verlassen der Caféteria rechts und passieren erneut ein rotes Tor. Wir gehen sofort rechts auf dem Weg am Zaun weiter, dem wir unbeirrt folgen, obwohl ein Grasweg nach links abbiegt. Wir passieren wieder ein rotes Tor ⑤ und erreichen den Rastplatz Bergs Plads mit Sitzgruppen, Grill und kleinem Steg.

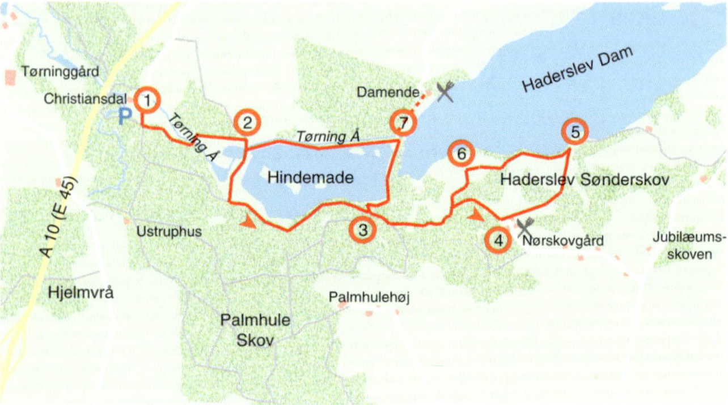

UTM-Wegepunkte:

①	32 U 05 24 684	61 20 645
②	05 25 471	61 20 409
③	05 26 520	61 19 855
④	05 27 455	61 19 639
⑤	05 27 812	61 20 418
⑥	05 27 041	61 20 118
⑦	05 26 465	61 20 487

⑤ Bergs Plads – ⑥ Königin Margarethes Aussichtspunkt, 18 Minuten Gehzeit, 1300 Meter

Dies ist der Wendepunkt der Wanderung. Wir gehen durch das Tor zurück, folgen rechts dem Geheimeraadens Sti, und erreichen 18 Minuten später ein Hochplateau. Dort liegt ein großer behauener Stein mit einer eingemeißelten Krone und den Angaben: 15. Mai 1997, Königin Margarethe II.

⑥ Aussichtspunkt – ⑦ Nordwestecke Hindemade, 25 Minuten Gehzeit, 1500 Meter

Wir gehen rechts ab und in die Senke herunter. Links liegt ein Wäldchen. Kurz darauf gehen wir auf dem Hauptweg wieder rechts, bald nach der Senke über eine Treppe nach links, mit der Ausschilderung gelber Punkt und weißem Männchen mit rotem Pfeil.

Wir passieren die Stelle, wo wir kurz nach Eintritt in das Gehege den Weg nach rechts verlassen haben. Jetzt gehen wir geradeaus. Wir verlassen das Gehege durch das Tor, über das wir den Tierpark ursprünglich betreten haben. Wir gehen rechts auf dem gleichen Weg, den wir beim Hinweg schon genommen haben. 150 Meter später folgen wir dem Geheimeraadens Sti nach rechts. Wir passieren am Hindemade eine Brücke mit rotem Geländer.

Wir erreichen das Nordwestufer des Hindemade. ⑦ Der Geheimraadens Sti verläuft nach rechts weiter. Wir können jetzt unmittelbar nach links gehen, (Christiansdal: 1,9 Kilometer ausgeschildert) am Nordufer des Gewässers entlang oder folgen dem Geheimraadens Sti 500 nach rechts zum Restaurant Damende (im Winter geschlossen). Im Sommer bietet sich ein Aufenthalt auf der Terrasse an.

(7) Hindemade – (1) Ausgangspunkt, 18 Minuten Gehzeit, 1000 Meter

Wir passieren (2) den Parkplatz, dort wo wir zu Beginn der Wanderung rechts abgebogen sind, gehen geradeaus weiter und erreichen bald unseren Parkplatz und Ausgangspunkt.

An der Wasserkraftanlage Christiansdal ergießt sich ein Bach in einen kleinen Fischpass.

4. Röm

Auf der Insel Röm gibt es viele verträumte Plätze.

Die Insel Röm/Rømø ist das Gegenstück zur Insel Sylt. Ihre Dünen sind nicht so hoch, dafür sind die Strände ausladender und einsamer. Weite Heideflächen und Kiefernwälder bestimmen die Landschaft im Inneren der Insel.

Charakter der Tour: Rundwanderung von der Ostseite durch Dünen, Heide und Marsch zum Weststrand. ● **Beste Jahreszeit:** ganzjährig ● **Reine Gehzeit:** 2 Stunden, 50 Minuten ● **Streckenlänge:** 12 Kilometer ● **Markierung:** keine, zeitweise gelber Punkt ● **Einkehren:** während der Wanderung keine Einkehrmöglichkeit ● **Karten:** Rømø, Miljø- og Energiministeriet ● **Ausgangspunkt:** Parkplatz vor der Kirche des Ortes Rømø Kirkeby, direkt an der Hauptstraße im Ostteil der Insel.

① Ausgangspunkt – Reitweg, 20 Minuten Gehzeit, 1200 Meter

Zunächst gehen wir ein kurzes Stück nach rechts auf dem Radweg hinter der Kirche. Kurz darauf biegen wir an der ersten Möglichkeit links ab und gehen durch einen niedrigen Kiefernwald. An einer Wegekreuzung mit Reitwegschildern halten wir uns rechts.

Reitweg – Ende der Dünen, 25 Minuten Gehzeit, 2000 Meter

Kurz darauf stoßen wir auf einen gut ausgebauten Fahr- und

Gehweg, dem wir nach links folgen. Unbeirrt von Abzweigungen gehen wir immer geradeaus in westliche Richtung. Der Weg knickt nach rechts ab. Wir gehen geradeaus weiter auf eine Kette zwischen zwei Pfosten zu, die wir passieren. Wir verlassen das Dünengelände, stehen vor der Marschlandschaft an einem Wege-T. Pfosten: Brandgefahr und weitere Verbotschilder.

UTM-Wegepunkte:

①	32 U	04 70 851	61 07 496
②		04 68 476	61 06 964
③		04 67 572	61 06 394
④		04 68 041	61 05 550

Ende der Dünen – ② Beginn des Kirkeby-Deiches 22 Minuten Gehzeit, 1500 Meter

Wir gehen nach links und erreichen auf direktem Weg den Kirkeby-Deich.

② Deich – ③ Strand, 20 Minuten Gehzeit, 1000 Meter

Wir gehen nach rechts durch ein Drehkreuz auf den Deich. Nach zehn Minuten ist das Ende des Deiches erreicht. Es kreuzt ein Grasweg. Wir gehen auf einem kleinen Pfad weiter geradeaus und erreichen 12 Minuten später den Strand Havsand. Vor uns liegt der große Autostrand, davor eine weitere, flache Dünenkette. Das Meer befindet sich erst dahinter. Wer zum Meer möchte, gehe einfach geradeaus weiter.

③ Strandweg – ④ Durchgang durch die Dünen, 15 Minuten Gehzeit, 1000 Meter

Ansonsten halten wir uns links vor den Dünen auf dem Strandweg entlang. Nach einem Kilometer erreichen wir einen erneuten Durchlaß durch die Dünen. Dort befindet sich ein roter Pfahl mit Schild „Stagebjergvej 1 km“.

④ Durchgang durch die Dünen – Markierung Gelber Punkt, 25 Minuten, 1300 Meter

Wir gehen durch die Dünen und folgen danach einem Reitweg. Links und rechts liegen Gehöfte zurückversetzt. Nach 20 Minuten kreuzen wir den Rinnevej. Kurz darauf verlassen wir den Weg nach links in den Wald durch ein Tor mit einem gelben Punkt.

Gelber Punkt – ① Ausgangspunkt, 70 Minuten Gehzeit, 4000 Meter

Wir folgen zunächst dem gestreuten Weg, gehen bald danach rechts auf einem Fahrweg (Bank) weiter. An einer Wegegabel, mit Stein und gelbem Punkt nebst Pfeil in die Richtung, aus der wir gekommen sind, halten wir uns links. An der nächsten Wegekreuzung verlassen wir den Hauptweg und wandern nach links in einen kleinen Pfad hinein. Auf einem kleinen Hügel rechts steht ein abgestorbener Baum. Wir passieren zunächst einen Reitweg, bald danach gelangen wir an ein Wege-T, wieder mit Stein und gelbem Punkt. Dieser weist in die Richtung, aus der wir gekommen sind. Wir biegen hier scharf links ab. Nach 45 Minuten passieren wir wieder ein Tor mit Kette, erreichen einen Fahrweg und gehen nach rechts. Wir erreichen den Mantagesvej und biegen links ab. Der Weg wendet sich kurz vor den flachen Dünen wieder nach rechts und wird zum Sandweg. Wir erreichen, Ferienhäuser passierend, wieder den Radweg, rechts liegt das Feuerwehrgerätehaus. Wir gehen nach links zum Parkplatz zurück.

5. Gravensteiner Schloss

Im Stil eines Herrenhauses: Schloss Gravenstein in Nordschleswig.

Das Schloss Gravenstein/Graasten war ursprünglich ein barockes Sommer- und Jagdschloss, später Sommerresidenz des dänischen Kronprinzen. Wald und Schloss sind noch heute im Staatsbesitz und dienen der dänischen Königsfamilie nach wie vor als Aufenthalts- und Wohnort. Das Gebäude liegt harmonisch eingebettet am Ufer des Gravensteiner Schloss-Sees.

Charakter der Tour: Rundwanderung zum Schloss durch den Gravensteiner Wald. • **Beste Jahreszeit:** ganzjährig, durch die schattenspendenden Bäume auch an warmen Tagen empfehlenswert. • **Reine Gehzeit:** 2 Stunden, 20 Minuten • **Streckenlänge:** 10 Kilometer • **Markierung:** zeitweise gelber Punkt • **Einkehren:** Pizzeria, Seecafé und „Den gamle Kro" in Graasten • **Karten:** Graasten-Skovene des Miljø- og Energiministeriet • **Ausgangspunkt** ist ein kleiner Parkplatz an der Verbindungsstraße zwischen Rinkenæs und Kværs, von Rinkenæs kommend, kurz hinter dem Abzweig nach Graasten (Ravnsbjergvej). Er ist nicht durch ein P-Schild gekennzeichnet, sondern es handelt sich um einen einfachen Waldweg. Wir erreichen ihn, wenn wir ca. 300 Meter hinter dem Ortsausgang Rinkenæs bei einer Bushaltestelle links nach Kværs, 7 km, abbiegen. Achtung: Es gibt keinen Vorwegweiser. Kurz darauf fahren wir über eine Bahnlinie.

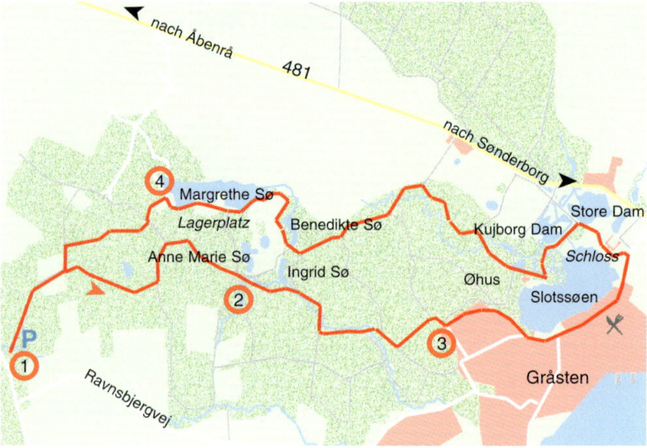

UTM-Wegepunkte:

①	32 U	05 34 565	60 85 967
②		05 35 954	60 86 462
③		05 37 161	60 86 209
④		05 35 503	60 86 885

① Ausgangspunkt – ② Anne Marie Sø, 24 Minuten Gehzeit, 2000 Meter

Wir gehen auf dem leicht ansteigenden Weg in den Wald hinein und erreichen nach 14 Minuten ein Wege-T. Die Hauptwegrichtung geht nach links, wir folgen dieser Richtung. Vier Minuten später gehen wir an der nächsten Wegegabel nach rechts. Wir erreichen eine große Kreuzung mit mehreren Abzweigungen. An deren Ende liegt links ein See, der Anne Marie Sø. Wir gehen auf einen kleinen Findling zu, der nach links „Graasten 2,6 km“ weist. Auch nach rechts geht es nach Graasten 2,5 km.

② Anne Marie Sø – Schlossmauer, 50 Minuten Gehzeit, 3000 Meter

Wir nehmen den Weg nach rechts. Wir begegnen jetzt zum ersten Mal der Markierung „Gelber Punkt“ an einem Baum, die von nun an weite Teile der Wanderung begleitet. Fünf Minuten später passieren wir den Ingrid Sø. Am nächsten Wege-T biegen wir links ab und folgen der Ausschilderung gelber Punkt, gelber Pfeil. Linker Hand liegt kurz darauf eine Brücke über den parallel zum Weg fließenden Bach. Wir überqueren den Bach über die Brücke und gehen anschließend rechts auf dem Pfad weiter, der uns nach knapp drei Minuten zu einem breiten Weg bringt. Hier gehen wir ebenfalls rechts weiter. Nach 100 Metern biegen wir links ab in einen breiten Pfad. Am nächsten Wege-T gehen wir nach rechts. Es sind die ersten Häuser des Ortes Graasten zu sehen. Wir gehen nicht in den Ort hinein, sondern halten uns links bis zur nächsten Kreuzung. (3) Anschließend gehen wir rechts in den Ort hinein, jedoch nicht auf den Wasserturm zu, sondern nehmen sofort die erste Straße links. Der Weg bringt uns bald an den Slotsø/Schloss-See, an dem wir entlanggehen. Kurz hinter der Tankstelle gehen wir links durch eine Pforte in der Schlossmauer in den Park des Schlosses (das Schloss kann nicht besichtigt werden). Der Park bietet sich für eine Pause an.

Schloss – Benedikte Sø, 40 Minuten Gehzeit, 2400 Meter

Nach Passieren des Schlossgebäudes halten wir uns auf dem Weg links und kommen an ein weiteres Gewässer. Wir gehen vor einer Brücke links und folgen wieder dem gelben Punkt. An einer Wegegabel kurz darauf halten wir uns links. Nach wenigen Minuten erreichen wir wieder den Slotsø mit einer kleinen Bootsanlegestelle, die sich gut als Rastplatz eignet. Wir nehmen anschließend nicht den kleinen Pfad, der am See entlang führt, sondern den breiten Weg dahinter. Er führt an einem Lagerplatz vorbei auf ein reetgedecktes Anwesen zu. Wir passieren das Anwesen und einige Fischteiche.

Wir gehen anschließend bei einer Kreuzung geradeaus weiter den Hang hinauf. Ein paar hundert Meter später taucht wieder der gelbe Punkt auf, der im Augenblick für uns kein Hinweis nach rechts ist, denn wir gehen geradeaus weiter. Der Hochwald weicht einem Niederwald. Wir treffen auf ein Wege-T und gehen nach links. Wir folgen jetzt immer dem breiten Fahrweg und der gelben Markierung, alle Abzweigungen ignorierend. Wir passieren einen Findling mit dem Hinweis „Humlebjerg 0,9 km“, kurz darauf „Humlebjerg 0,6 km“ und erreichen schließlich den Benedikte Sø.

Benedikte Sø – (4) Abzweig am Ende des Margrethe Sø, 15 Minuten Gehzeit, 1100 Meter

Hinter dem Benedikte Sø biegen wir bei einem Findling „Margrethe Sø 0,6 km, Ann Marie Sø 0,3 km“, nach rechts ab. Nach zehn Minuten passieren wir eine Art Lagerfeuerstätte am Margrethe Sø. Kurz darauf verlassen wir endgültig die gelbe Markierung, die nach links abknickt und halten uns rechts, weiter in der Nähe des Sees. Fünf Minuten später sind wir am Ende des Sees angelangt und müssen aufpassen, dass wir am Ende einer kleinen Wiese (rechts stehen eine kleine Bank und ein Steinpfosten) vor dem Wald den Weg nach links nicht verpassen.

④ Abzweig – Ausgangspunkt, 22 Minuten Gehzeit, 1500 Meter

Wir verlassen jetzt den geradeaus führenden Fahrweg. Der Weg steigt im Wald an. Hufspuren zeigen an, dass es sich um einen Reitweg handelt. Wir erreichen wieder einen breiter ausgebauten Weg und gehen links. Unmittelbar danach nehmen wir den ersten leicht ansteigenden Weg nach rechts. Nach 12 Minuten erreichen wir eine Wegekreuzung und gehen links. Mit der nächsten Wegekreuzung erreichen wir wieder unseren Ausgangsweg und gehen nach rechts zum Ausgangspunkt zurück.

Zahlreiche Seen liegen in der Umgebung des Gravensteiner Schlosses.

6. Düppeler Schanzen

Fachwerkhäuser in der Altstadt von Sonderburg. Wie im Museum.

Die Düppeler Schanzen sind bekannt als Schlachtfeld des preußisch-dänischen Krieges von 1864, der den Grundstein der deutschen Reichsgründung unter preußischer Führung legte. Das Gebiet westlich Sonderburgs liegt auf einer Landzunge zwischen dem Alsen-Sund und Vemmingbund. Die Wanderung bietet einen lebendigen Ausflug in die Geschichte und wunderschöne Blicke auf die Ostsee.

Charakter der Tour: Die Wanderung ist als Rundgang durch die Schanzen angelegt. Ein Teil der Tour folgt oberhalb der Steilküste dem Fernwanderweg Gendarmenpfad. Es gibt Bademöglichkeiten. • **Reine Gehzeit:** 3 Stunden, 15 Minuten • **Streckenlänge:** 13,2 Kilometer • **Markierung:** Gendarmenpfad mit stilisiertem blauem Gendarm • **Einkehren:** Düppeler Mühle mit kleinem Imbiss, Museum mit Imbiss, Sonderburg mit zahlreichen Gaststätten in der kleinen Altstadt und am Hafen • **Karten:** Wanderkarte der Forst- und Naturverwaltung Nr. 86 Dybbøl (kostenlos erhältlich in den Touristenbüros der näheren Umgebung).• **Ausgangspunkt** ist ein kleiner Parkplatz an der Ecke Åbenråvej/Alssundvej, bei den ersten Häusern Sonderburgs. Man erreicht ihn über die Fernstraße 8, wenn man unmittelbar vor der Alsen-Sundbrücke nach rechts abbiegt und den Kreisverkehr sofort nach rechts verlässt. Der Parkplatz liegt kurz darauf auf der linken Seite, hinter einer Buschreihe.

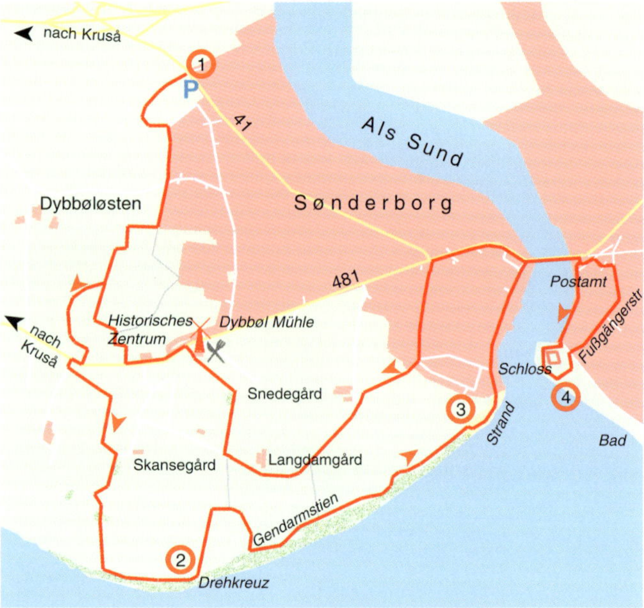

UTM-Wegepunkte:

①	32 U	05 48 566	60 86 040
②		05 48 655	60 83 682
③		05 49 789	60 84 315
④		05 50 299	60 84 723

① Parkplatz – Grabdenkmale an der Straße 481, 35 Minuten Gehzeit, 2000 Meter

Wir gehen die Treppe auf der gegenüberliegenden Straßenseite hinauf. (Stein: Schanze 10, 1864). Wir folgen einem schmalen Fußweg, passieren ein Denkmal, das an Lars August Lundström erinnert. Wir gehen wieder auf die Häuser zur Linken zu, dort halten wir uns rechts, dann links durch ein kleines Holztor. Der Pfad führt hinter den Häusern entlang.

Vor einem Zaun mit einem kleinen Tor halten wir uns rechts. Links sieht man bereits das Museum der Düppeler Schanzen mit einer großen dänischen Fahne. Wir folgen dem Pfad über die Schanze VIII, etwas später verlassen wir ihn bei einem kurzen Anstieg nach rechts und passieren ein kleines Tor. Wir haben die Königsschanze (deutsche Schanze 10) erreicht, die von deutschen Festungsbauern nach 1864 angelegt wurde. Man kann sie auf dem Wall umrunden oder geht durch sie hindurch, um die einzelnen Gedenksteine zu betrachten. Am Ausgang der Königsschanze halten wir uns an einer kleinen Treppe im Gras rechts und überqueren eine Wiese. Wir erreichen die

Straße, gehen nach rechts und erreichen eine Gedenkstätte für gefallene Dänen und Preußen.

Grabdenkmale – Strand, 20 Minuten Gehzeit, 1200 Meter
Nach Besichtigung der Kriegsgräber überqueren wir die Straße und folgen dem Weg, der zur Skanse 3 ausgeschildert ist. Wir durchqueren die Schanze 3, uns rechts haltend, und verlassen sie in südlicher Richtung, uns jetzt links haltend durch ein kleines Tor, gehen kurz auf ein Anwesen zu und biegen auf einen Weg nach rechts ab, der zur Ostsee hinunter führt. Nach der Besichtigung der Skanse II erreichen wir an der Skanse I den Fernwanderweg Gendarmenpfad, dem wir nach links folgen. Wir gehen auf der Steilküste der Ostsee. Wer Lust auf ein Bad verspürt, nehme gleich die erste sich bietende Gelegenheit, zum Strand hinunterzusteigen. Die Möglichkeiten werden nicht besser. Erst kurz vor Sonderburg erreicht man den Badestrand.

Strand – (3) Badestrand Sonderburg, 40 Minuten Gehzeit, 2500 Meter
Wir folgen dem ausgeschilderten Gendarmenstieg, auch an einem Drehkreuz, das wir nicht benutzen, wo der Gendarmensteig sich kurz von der Küste entfernt. Wir erreichen schließlich eine Stelle, wo der Gendarmenstieg nach links abbiegt. Wir gehen jedoch rechts zum Badestrand hinunter.

(3) Badestrand – Kreuzung Åbenråvej, 50 Minuten Gehzeit, 3500 Meter
Wir gehen am Strand links weiter über den Parkplatz in die Sundegade hinein bis zur Brücke, die über den Alsensund in den Hafen und die Stadt führt. Nach deren Überqueren gehen wir rechts die Treppe hinunter und erreichen den Hafen. Dort gehen wir links. Es gibt einige Einkehrmöglichkeiten. Wir kommen zum Schloss. (4) Dort ist das Regionalmuseum untergebracht. Öffnungszeiten 10 – 17 Uhr, September bis Mai, montags geschlossen. Wir gehen vom Schloß wieder Richtung Stadt, halten uns jetzt aber rechts, die Straße Kirkebakken hinauf. Wir folgen der Straße durch die Altstadt. Zahlreiche Einkehrmöglichkeiten. Am Postamt gehen wir links in die Æblegade und folgen den verwinkelten Gässchen zur Kirche. Dort überqueren wir wieder die Sundbrücke.
Auf dem Rückweg gehen wir nach Passieren der Brücke zunächst geradeaus bis zur Kreuzung Åbenråvej mit der Scharffenbergsgade.

Kreuzung – Mühle, 30 Minuten Gehzeit, 2000 Meter
Anschließend gehen wir nach links in die Scharffenbergsgade und stoßen an deren Ende auf die Kreuzung Nellemannsvej/Grønnekærvej, dem wir geradeaus folgen. Wir folgen dem Asphaltsträßchen, passieren ein Gehöft mit der Nummer 6 und können kurz darauf schon wieder die Mühle sehen. 200 Meter hinter dem Anwesen Langdamgard biegen wir rechts ab in einen Weg Richtung Mühle. Er ist mit einem Findling zum Gedenken an mehrere Gefallene gekennzeichnet, u.a. an Korporal Mathiesen.

Mühle – ① Ausgangspunkt, 30 Minuten Gehzeit, 2000 Meter
Wir gehen von der Mühle in Richtung Museum. Ein Besuch des Historiecenter ist unbedingt zu empfehlen. Es erklärt in einer Filmschau (Kopfhörer mit Text in deutscher Sprache) Hintergründe und Verlauf des Krieges von 1864. Am Ende des Parkplatzes, neben dem Museum, gehen wir rechts in einen kleinen Weg. Wir kommen auf die Königsschanze zu, gehen rechts weiter und nehmen nun den bekannten Weg zurück zum Ausgangspunkt.

Um die Düppeler Schanzen tobten im April 1864 heftige Kämpfe.

7. Ellenbogen

Riesige Dünengebiete erstrecken sich im Norden Sylts bei List und am Ellenbogen.

Die Nordspitze Sylts - und damit Deutschlands - ist der Ellenbogen. Das Dünengebiet erstreckt sich nördlich des Naturschutzgebiets Königshafen. Durch die Bucht einerseits und das offene Meer andererseits bietet die Wanderung zwei völlig unterschiedliche Perspektiven.

Charakter der Tour: Die Wanderung ist eine Rundwanderung, die auf der Nordseite weitgehend am Sandstrand verläuft. Das Gehen im Sand ist anstrengend. Man suche sich möglichst den festen Untergrund an der Wasserkante. Die Seite Königshafen ist Wattgebiet. Bei Ebbe ist es reizvoll, durch das hier sehr feste Watt zu wandern. Im Bereich der Nordseite des Ellenbogens und an der Spitze ist das Baden wegen der starken Saugströmung und bei Flut nicht sichtbarer, gezackter Buhnenreste lebensgefährlich. Die Westseite an der Strandhalle dagegen ist Badestrand. ● **Beste Jahreszeit:** Frühjahr, Sommer zum Baden, sonst das ganze Jahr über möglich. Am meisten Spaß macht die Wanderung bei starkem Nord-West-Wind und schönem Wetter, wenn man die unterschiedlichen Windverhältnisse auf der Nord- und Südseite des Ellenbogens richtig genießen kann. ● **Reine Gehzeit:** 4 Stunden, 10 Minuten ● **Streckenlänge:** 13,2 Kilometer ● **Markierung:** keine ● **Einkehren:** Strandhalle in der Nähe des Ausgangspunkts ● **Karte:** Topographische Landkarte Nr. 0916, 1:25 000 oder L 0916, 1 : 50 000 ● **Ausgangspunkt** der Wanderung ist der gebührenpflichtige Parkplatz in der Nähe der Strandhalle, kurz vor der Zahlstelle zum mautpflichtigen Weg Richtung Ellenbogenspitze.

UTM-Wegepunkte:

①	32 U	04 61 036	60 98 990
②		04 64 462	61 00 481
③		04 65 129	60 99 895
④		04 63 917	61 00 303

① Ausgangspunkt – ② Leuchtturm Ost, 1 Stunde, 55 Minuten Gehzeit, 5900 Meter

Wir gehen Richtung Westen zur Strandhalle hinauf. Bevor man sich über einen Weg zum Strand begibt, lohnt ein Abstecher über einen Bohlenweg nach rechts auf den Ellenbogen-Berg mit seiner Aussichtsplattform.
Am Strand halten wir uns nach rechts Richtung Osten. Seit einiger Zeit ist links die Insel Röm zu sehen, bald darauf vor uns der Leuchtturm List Ost. Der Leuchtturm List West, den wir schon vor geraumer Zeit passiert haben, ist vom Strand aus nicht zu sehen und deshalb kein Orientierungspunkt. Wir erreichen den Leuchtturm List Ost. Vor uns liegt im Meer eine große Buhnenreihe.

② Leuchtturm Ost – ① Ausgangspunkt, 2 Stunden, 15 Minuten Gehzeit, 7300 Meter

Wir gehen weiter und umrunden die Spitze des Ellenbogens. Bald erreichen wir einen von rechts kommenden Querweg. ③ Wir gehen am Strand weiter und passieren 30 Minuten später eine Stelle, wo das Meer fast direkt an die Straße stößt. ④ Bei Ebbe kann man wunderbar durch das Watt gehen, immer angelehnt an den Strand rechts. Schon in Sichtweite der Mautstelle verlassen wir den Strand und gehen über eine Wiese zur Straße, der wir schließlich parallel folgen. Hinter der Mautstelle gehen wir rechts zum Parkplatz zurück.

8. Rantumbecken

Ein gut ausgebauter Wanderweg führt um das Rantumbecken herum.

Diese Wanderung besticht dadurch, dass wir auf beiden Seiten des Weges von Wasser umgeben sind. Das Rantumbecken auf Sylt wurde in den 30er Jahren des vorigen Jahrhunderts als Flugplatz für Wasserflugzeuge angelegt. Heute ist es ein großes Vogelschutzgebiet mit einer abwechselungsreichen Landschaft aus Wasserflächen und verlandendem Gewässer.

Charakter der Tour: Die Wanderung folgt dem Deich, der das Rantumbecken fast vollständig umgibt. ● **Beste Jahreszeit:** ganzjährig ● **Reine Gehzeit:** 2 Stunden, 15 Minuten ● **Streckenlänge:** 10,3 Kilometer ● **Markierung:** keine ● **Einkehren:** Café an der Sylter Quelle ● **Karten:** Topographische Landkarte Nr. 1115, 1 : 25 000 oder L 1114 1 : 50 000 ● **Ausgangspunkt:** Parkplatz vor der Mineralwasserfabrik Sylt Quelle. Man erreicht ihn, wenn man kurz hinter dem Campingplatz links Richtung Hafen abbiegt und die erste Abzweigung links nimmt.

① Sylt Quelle – ② Nordostecke des Beckens, 57 Minuten Gehzeit, 4400 Meter

Wir gehen nach links auf das Becken zu und halten uns danach auf dem Rundweg rechts. Nach wenigen Minuten erreichen wir den Deich, der das Becken vom Meer trennt.

Wir gehen links auf dem Deich entlang und erreichen nach knapp einer Stunde Gehzeit die Nordostecke des Beckens.

UTM-Wegepunkte:

①	32 U	04 54 974	60 79 250
②		04 57 716	60 81 842
③		04 55 154	60 81 620

② Nordostecke – ③ Klärwerk, 30 Minuten Gehzeit, 2300 Meter

Wir gehen links auf dem Deich weiter, ohne auf die Ausschilderungen der Radwege zu achten, und erreichen nach einer halben Stunde das Kompost- und Klärwerk. Wir gehen links vom Deich herunter und folgen der Ausschilderung „Wanderweg". Nach Umrundung der Kläranlage erreichen wir wieder den Deich und gehen dort weiter.

③ Klärwerk – ① Ausgangspunkt, 40 Gehminuten, 3600 Meter

Der Deich wendet sich nach rechts Richtung Straße und endet bald. Wir gehen nach links in einen Pfad und anschließend durch höheres Gras und Schilf, der bisherigen Hauptrichtung folgend. Vor uns liegt der Campingplatz. Wir passieren ihn, indem wir unserem Weg weiter folgen und kommen 15 Minuten später zum Ausgangspunkt zurück.

9. Morsum Kliff

Oberhalb des Morsum Kliffs führt der Weg durch die Heidelandschaft.

Das Morsum Kliff ist ein Naturschutzgebiet mit geologischen Sedimenten, die sonst nur in der Tiefe des Bodens zu finden sind. Die Landschaft besticht durch ihren Abwechselungsreichtum von Kliff, Heide und Dünen.

Charakter der Tour: kurze Rundwanderung auf und unter dem Kliff • **Beste Jahreszeit:** ganzjährig • **Reine Gehzeit:** 46 Minuten • **Streckenlänge:** 3,3 Kilometer • **Markierung:** teilweise örtliche Markierungen • **Einkehren:** Restaurant Morsum Kliff am Ausgangspunkt • **Karten:** Topographische Landkarte Nr. 1116, 1 : 25 000, oder L 1116, 1 : 50 000 • **Ausgangspunkt:** Parkplatz Restaurant Morsum Kliff. Man erreicht ihn über Morsum. Ab dort ist das Kliff ausgeschildert.

(1) Ausgangspunkt – (2) Fuß des Kliffs, 40 Minuten Gehzeit, 2500 Meter

Wir gehen rechts am Restaurant vorbei und folgen danach links der Ausschilderung Morsum Kliff. Über einen Bohlenweg erreichen wir das Kliff und gehen zunächst links zur ersten Aussichtsplattform. Anschließend gehen wir ein Stück zurück und verlassen den Bohlenweg nach links. Auf einem Sandweg gehen wir oben auf dem Kliff entlang. Wir folgen dem Sandweg, der durch Leitplanken eingefriedet ist, immer geradeaus durch die Heide. Nach 25 Minuten errei-

chen wir wieder den Hauptweg, den wir am Restaurant oben verlassen haben. Wir gehen nach links zum Strand.

UTM-Wegepunkte:

①	32 U	04 65 224	60 80 729
②		04 65 942	60 81 302
③		04 64 946	60 81 166

② Fuß des Kliffs – ① Ausgangspunkt, 15 Minuten Gehzeit, 800 Meter

Dort gehen wir wieder links zum Kliff zurück. Am Fuße des Kliffs lohnt sich eine ausgiebige Betrachtung der Beschaffenheit des Steilufers. Wir gehen weiter. Der Weg knickt nach links ab, und man geht über eine große Düne hinauf, also vom Strand weg. ③ Der Dünenweg vermittelt ein imposantes Bild. Oben angelangt, halten wir uns nach links und erreichen zehn Minuten später den Ausgangspunkt.

Einblick in die Erdgeschichte bietet die Steilküste unterhalb des Kliffs.

10. Hörnum Odde

Wie eine Oase liegen Kleingärten eingebettet in die Dünen bei Hörnum.

Die Südspitze Sylts, Hörnum Odde, war vor 15 Jahren noch wesentlich länger. Schwere Sturmfluten reißen fast in jedem Winter Sand ins Meer. So kann es passieren, dass Teile des Wanderweges plötzlich verschwunden sind. Nördlich des Sandstrandes erstrecken sich reizvolle Dünen. Immer wieder bieten sich Ausblicke auf die Nordsee und die Dünentäler. Während im Bereich der Odde das Baden wegen der starken Saugströmung lebensgefährlich ist, kann man südlich des Hafens und auf der Westseite getrost ins Wasser steigen.

Charakter der Tour: Rundwanderung durch das Dünengebiet • **Beste Jahreszeit:** Frühjahr, Sommer zum Baden, sonst das ganze Jahr über möglich • **Reine Gehzeit:** 2 Stunden, 50 min • **Streckenlänge:** 9,3 km • **Markierung:** einige örtliche Markierungen • **Einkehren:** am Hafen und am Badestrand Hörnum (Wattseite) • **Karten:** Topographische Landkarte Nr. 1215, 1 : 25 000 oder L 1314 1 : 50 000 • **Ausgangspunkt** ist der Parkplatz beim Angelgeschäft/ Fahrradverleih in Hörnum. Kurz dahinter befindet sich das Kurhaus.

UTM-Wegepunkte:

①	32 U 04 54 057	60 68 177
②	04 54 230	60 66 485
③	04 54 767	60 66 654
④	04 54 934	60 68 742
⑤	04 53 735	60 69 385
⑥	04 53 667	60 68 345

① Ausgangspunkt - Strand auf der Westseite, 40 Minuten Gehzeit, 1600 Meter

Wir nehmen die Hauptstraße in den Ort hinein und biegen nach 500 Metern rechts ab in eine Nebenstraße, die zum Hotel Seepferdchen weist. Wir passieren das Hotel und einen Spielplatz, gehen geradeaus weiter in Richtung der Dünen, links liegt ein Leuchtturm (Straße: Odde Wei). Bald macht die Asphaltstraße einen Knick nach rechts. Es beginnt ein Naturschutzgebiet. Wir biegen links ab in einen Sandweg, der zu den hohen Dünen führt (rechts das Haus

Süder Jen 1). 20 Minuten später, nach einem etwas mühseligen Weg hinauf durch losen Sand, machen wir einen lohnenden Abstecher nach links zu einer Aussichtsplattform. Von dort gehen wir den Bohlenweg zurück und folgen wieder unserem ursprünglichen Weg nach links durch die Dünen. Wir erreichen den Strand.

Strand – Hafen Hörnum, 55 Minuten Gehzeit, 2900 Meter

Wir gehen nach Süden und umrunden die Südspitze Sylts. (2) Sollte der Strand überflutet sein, nehmen wir den Weg, der kurz vor dem Verlassen der Dünen nach links führt. Wir gehen auf der Ostseite nach Norden. Seit der Spitze sind die Inseln Amrum und Föhr zu sehen. Links kommt der Dünenweg heraus. (3) Wir erreichen die Strandpromenade mit Bademöglichkeit und kurz darauf den Hafen von Hörnum.

Hafen Hörnum – (5) Strandaufgang Westseite, 47 Minuten Gehzeit, 3000 Meter

Wir gehen am Hafenbecken entlang nach Norden. Wir passieren den Jachtclub und erreichen einen großen Parkplatz mit einem Wegweiser nach rechts: Wattwanderweg. Wir folgen der Ausschilderung. Wir gehen an einem ehemaligen Kasernengelände entlang und kommen über eine große Betonfläche, die als Rampe zum Wasser abfällt. (4) 200 Meter weiter, zu Beginn des nächsten Dünengebiets, steigt ein Bohlenweg nach links auf. Wir folgen diesem Weg. Am Ende des Bohlenwegs, oberhalb einer Kleingartenanlage, gehen wir wieder links, Richtung Hörnum. An einem Asphaltweg halten wir uns links, erreichen die Jugendherberge, gehen rechts, um kurz darauf am Gebäude des Jugendaufbauwerks links abzubiegen. Auf Höhe der Gaststätte Theeknob überqueren wir die Hauptstraße. Wir sind in der Straße Kressen-Jacobs-Tal/Gurtdeel und gehen auf die Dünen zu. Unmittelbar hinter den letzten Häusern nehmen wir den Bohlenweg zum Strand.

(5) Strandaufgang – (1) Ausgangspunkt, 28 Minuten Gehzeit, 1800 Meter

Wir gehen am Strand links (Bademöglichkeit) und passieren einen Campingplatz mit Gaststätte (Flagge) und einen breiten Weg. Erst danach verlassen wir über eine Treppe den Strand nach links (oben ein Schild: 78). (6) Wir gehen durch die Dünen direkt zu unserem Ausgangspunkt zurück.

11. Glücksburg

Wild romantisch liegt die Ostsee an der Halbinsel Holnis vor uns.

Die Halbinsel Holnis ragt weit in die Flensburger Außenförde hinein. Insbesondere an ihrer Nordseite gibt es viele Badeplätze vor der malerischen Steilküste. Das Gebiet steht zu großen Teilen unter Naturschutz und hat so einen ursprünglichen Charakter bewahrt. Das Glücksburger Wasserschloss gehört zu den schönsten Anlagen dieser Art in Schleswig-Holstein.

Charakter der Tour: Streckenwanderung mit Bustransfer, weitgehend auf unbefestigten Wegen • **Beste Jahreszeit:** Frühjahr bis Herbst • **Reine Gehzeit:** 2 Stunden, 30 Minuten • **Streckenlänge:** 9 Kilometer • **Markierung:** örtliche Wanderwegmarkierungen 1, 2 und 3 • **Einkehren:** Fährhaus Holnis, diverse Möglichkeiten in Glücksburg • **Karten:** Topographische Landkarte Nr. 1123, 1 : 25 000 oder L 1122, 1 : 50 000 • **Ausgangspunkt** ist der Parkplatz am ZOB bei der Kirche in Glücksburg. Wir fahren am Schloss vorbei (Parkplatz dort gebührenpflichtig) und an der Ampel rechts in die Bahnhofstraße. Am ZOB besteht die Möglichkeit, in den Bus nach Holnis zu steigen. Fahrpläne hängen an der Haltestelle aus. Info: www.foerde-bus.de, Fahrplan, Verbindungssuche. Telefon: (0 46 31) 6 16 60. Es empfiehlt sich zunächst eine Besichtigung des Schlosses oder ein kurzer Spaziergang auf der Wasserseite des Schlosses, um es von verschiedenen Seiten zu betrachten. Karten muss man schon im Vorgebäude erwerben. Dort gibt es auch ein WC.

Um die Wanderung zu beginnen, fährt man mit dem Bus zur Endstation in Holnis. Man kann auch von der Haltestelle am Schloss starten. Die Fahrzeit beträgt knapp 25 Minuten.

Endstation Busfahrt – Fährhaus, 7 Minuten Gehzeit, 600 Meter

An der Endstation (Parkplatz) gehen wir quer über den Wendehammer in den Fontaneweg, folgen aber kurz darauf nicht Richtung Kliff bzw. Salzwiese, sondern dem Fahrweg rechts zum Fährhaus Holnis. Kurz darauf biegen wir links ab Richtung Holnis Spitze. Das Fährhaus verfügt über eine Gartenterrasse, von der aus man einen schönen Blick auf die Flensburger Außenförde und den Ort Brunsnis in Dänemark hat.

Fährhaus – (3) Kliff, 55 Minuten Gehzeit, 3100 Meter

Hinter dem Fährhaus gehen wir geradeaus auf dem Hauptweg entlang und erreichen nach 12 Minuten den Strand. (2) Ab jetzt gibt es auf den nächsten beiden Kilometern viele schöne Möglichkeiten, sich in die Sonne zu legen und zu baden. Wir gehen links am Strand weiter und kommen bald zum Fontaneweg, der hier beim Seemannsgrab auf den Strand stößt. Es liegt etwas versteckt neben dem von Land kommenden Pfad. Wir gehen am Strand weiter, kommen an einem Haus vorbei, das eine Vorlage für Fontane lieferte, kurz darauf gehen wir am Vogelreservat links weiter. Fünf Minuten später, am Asphaltweg, gehen wir geradeaus, der Markierung 1 folgend. Bald danach geht es rechts, bei den ersten Häusern wieder links. Wir kommen oben auf das Kliff. Die Abbruchkante kann man nicht betreten, und so gehen wir links weiter und steigen auf der Rückseite des Kliffs ab. Wieder auf Strandhöhe finden wir eine Naturbeobachtungshütte und eine Sitzgruppe. Weiter links, bei einem Gehöft, befindet sich eine Schutzhütte.

(3) Kliff – Jachthafen, 40 Minuten Gehzeit, 2260 Meter

Wir gehen immer am Strand entlang. Baden kann man hier nicht mehr. Der Strand besteht aus großen Steinen oder Treibsel. Links geht ein Abzweig Richtung Holnis Strand ab, kurz darauf passieren wir ein Sieltor mit Pumpwerk. Der Wanderweg führt bald darauf links von der Ostsee weg und dann gleich wieder rechts. Am Leuchtturm verlassen wir den Wanderweg 1, der nach links abknickt, und gehen rechts wieder auf den Strand zurück. Dort gehen wir links zum Jachthafen.

UTM-Wegepunkte:

①	32 U	05 35 365	60 76 440
②		05 39 385	60 81 219
③		05 37 584	60 80 485
④		05 36 655	60 78 695
⑤		05 35 183	60 77 364

Jachthafen – ⑤ Ortseingang Glücksburg, 45 Minuten Gehzeit, 3000 Meter

Wir gehen am Jachtclub Nautico vorbei auf der Asphaltstraße. Kurz darauf biegen wir rechts in die Straße Schausende (Wanderweg 3 nach Glücksburg) ein. Wir gehen am Ende links weiter auf dem Spurplattenweg ④ Richtung Wald. Wir folgen dem Wanderweg 3 Richtung Glücksburg immer am Waldrand entlang durch das leicht hügelige Gelände. Wir folgen dem Weg 3 auch dann, wenn er in den Wald hineinführt, passieren ein Wildgehege und einen Waldspielplatz und erreichen bei einem Parkplatz die ersten Häuser von Glücksburg.

⑤ Ortseingang – Ausgangspunkt, 20 Minuten Gehzeit, 1000 Meter

Kurz darauf folgen wir der Ausschilderung Schloss/Stadtmitte nach links, gleich darauf in die Collenburgerstraße nach rechts. Zwischen hübschen Villen gehen wir geradeaus weiter immer in Richtung Stadtmitte/Schloss. Man passiert das Rosarium mit Café und anschließend den Glücksburger Hof, auf dessen Rückseite sich weitere Restaurants und Cafés befinden. Wenn wir die Kreuzung überqueren, sind wir wieder bei unserem Ausgangspunkt angelangt.

Das Wasserschloss in Glücksburg. Es kann besichtigt werden.

12. Unewatt

In Unewatt ist ein Freilichtmuseum Teil des Ortes.

Eine abwechselungsreiche Wanderung durch große Mischwälder, über einen Waldlehrpfad, am Ufer der Ostsee entlang und durch das Tal der naturbelassenen Langballigau. Lohnenswert ist auch der Besuch Unewatts, wo ein Freilichtmuseum in das Dorf integriert ist. Bademöglichkeit hinter dem Jachthafen Langballigau.

Charakter der Tour: weitgehend unbefestigte Rundwanderung, bei Regen teilweise rutschig • **Beste Jahreszeit:** ganzjährig • **Reine Gehzeit:** 2 Stunden, 45 Minuten • **Streckenlänge:** 11,8 Kilometer • **Markierung:** weitgehend ohne • **Einkehren:** am Hafen Langballigau, Unewatt • **Karten:** Topographische Landkarten Nr. 1123, 1124, 1223, 1 : 25 000 oder L 1122, L 1124. L 1322, 1 : 50 000 • **Ausgangspunkt** ist der Parkplatz an der Schule von Langballig im Ortsteil Unewattfeld-Laiker. In Langballig von der B 199 Flensburg – Gelting abbiegen, Richtung Westerholz-Langballigau. Hinter dem Ortsendeschild von Langballig liegt rechts die Schule. Der Parkplatz folgt danach rechts.

(1) Parkplatz – (2) Ostseestrand, 45 Minuten Gehzeit, 3000 Meter

Vom Parkplatz aus gehen wir nach rechts neben der Fahrstraße auf dem Radweg. An der nächsten Bushaltestelle überqueren wir die Fahrstraße: Straße Heuberg. Wir passieren das Ortsschild Langballig, Ortsteil Freienwillen. Wir biegen sofort nach rechts in die

Ulmenstraße ein. In der Ulmenstraße immer geradeaus dem Wegweiser nach Siegum folgen. Wir erreichen den Gutshof Freienwillen und gehen nach rechts in die freie Landschaft hinaus. In einer Kurve verlassen wir die Asphaltstraße und gehen geradeaus ins Landschaftsschutzgebiet hinein, dem Wanderweg „Strandkier 1 km“ folgend. Die anderen Hinweise nach Siegumlund und Siegum beachten wir nicht. Am Waldrand angelangt, nehmen wir an dem Haus den nach links abzweigenden Weg. Kurz darauf passieren wir einen Wanderweghinweis Richtung Siegum. An der nächsten Gabel gehen wir rechts, dem Hauptwanderweg folgend. Wir kommen aus dem Wald heraus, der Weg mündet in einen schmalen Pfad ein. In der Senke hinter Bäumen sehen wir bereits die Häuser des Weilers Siegumlund, den wir kurz darauf durchqueren. Die Straße aus Siegumlund heraus macht eine Linkskurve, der wir kurz folgen. Unmittelbar darauf folgen wir dem Wanderweg nach rechts in den Wald hinein, Richtung Bockholmwik. An der nächsten Wegegabel folgen wir dem Weg nach rechts. Bald erreichen wir die Ostsee am Jachthafen Bockholmwik.

② Ostseestrand – ③ Hafen Langballigau, 35 Minuten Gehzeit, 2600 Meter

Wir wenden uns nach rechts und gehen auf dem breiten Strandweg entlang. Wir erreichen wieder den Waldsaum, stoßen auf einen von rechts kommenden Weg und folgen diesem nach links, jetzt schon auf dem langsam ansteigenden Steilufer. Bei Regen kann es hier unangenehm rutschig werden. Wir gehen jetzt teilweise direkt auf dem Steilufer der Ostseeküste oder einige Meter im Wald, immer dem Küstenverlauf folgend. Gelegentlich müssen wir über Holzplatten gehen, die die Abbruchkanten oder Zuflüsse überqueren.

Links kommen bald einige Häuser ins Blickfeld und der Wanderweg knickt im Wald nach links ab. Mit Verlassen des Waldes erreichen wir die ersten Höfe von Langballigholz. Wir gehen geradeaus auf die Häuser zu. Bei einem Schild „Radfahrer bitte absteigen“ gehen wir geradeaus. Kurz dahinter, am nächsten Gehöft, gehen wir halblinks quer über den Hof, auf dem ein großer, runder Baum steht. Wir stoßen am Ende des Hofes wieder auf einen schmalen Weg. Kurz hinter dem Reetdachhaus, J H 1829, das wir gleich darauf passieren, muss man aufpassen: Hinter der grünen Pumpe macht die Asphaltstraße eine Kurve nach rechts. Wir gehen jedoch nach links, rechts am Haus Nummer 5 vorbei, in einen schmalen Pfad hinein. Wir passieren einen Findling: 1808, Wachthusberg von 1922. Über eine Treppe geht es

nach unten zum Hafen Langballigau. Dort besteht eine Einkehrmöglichkeit links und hinter den Anlegeplätzen. Hier gibt es auch Bade- und Picknickmöglichkeiten.

UTM-Wegepunkte:

①	32 U	05 41 023	60 73 274
②		05 39 710	60 76 086
③		05 41 904	60 75 081
④		05 42 145	60 72 320

③ Hafen – Ortseingang Unewatt, 55 Minuten Gehzeit, 3800 Meter

Wir gehen zur Hauptstraße. Wir überqueren die Hauptstraße an einem grünen Ortsschild Langballigau. Die Ausschilderung der Wanderwege ist hier verwirrend. Wir gehen nach links weiter und folgen dem schmalen Wanderpfad, der dann nach rechts abknickt. Das Flüsschen Langballigau liegt links von uns. Am Beginn des Wanderweges, Lehrpfad, informieren einige Schautafeln über das Naturschutzgebiet. Rechts neben uns steigt das Gelände an, oben stehen Häuser. Die erste Brücke nach links über die Au ignorieren wir und gehen rechts weiter am Waldsaum entlang. Wir kommen an eine Wegegabel, vor uns eine querverlaufende Treppe. Der Hauptweg führt nach rechts. Wir gehen nach links und überqueren auf einer Brücke die Au. Kurz darauf erreichen wir wieder eine Verzweigung. Vor uns am ansteigenden Hang ein kleiner Pavillon. Wir gehen nach rechts, Unewatt ist mit der Entfernung 2 km angegeben. Nach links zweigt eine Treppe nach Westerholz ab, die wir ignorieren. Kurz darauf kreuzen wir über einen Steg wieder die Au. Wir gehen auf einem leicht ansteigenden Holzbohlenweg. An der nächsten Kreuzung gehen wir links, „Unewatt 1 km“. (Geradeaus ist Langballig-Schule ausgeschildert, unser Ausgangspunkt.) Wieder am Ende eines Bohlenweges erreichen wir eine Wegeverzweigung am Zaun der Kläranlage. Wir gehen nach rechts. Nach Umrundung der Kläranlage wandern wir auf einem Asphaltweg. Links hinten sehen wir die Unewattmühle. Sie ist Teil des Museumsdorfes. Links daneben stehen große Funkmasten. Wir erreichen bald darauf Unewatt.

Ortseingang Unewatt – (1) Ausgangspunkt, 30 Minuten Gehzeit, 2400 Meter

Die vier den Ort umgebenden Museumsteile sind gebührenpflichtig, man kann sie aber auch gut von außen begutachten. Der erste Abstecher führt geradeaus zur Christensenscheune. Danach geht es zurück, wieder auf den Hauptweg und dann rechts. Am Gasthof (4) Einkehr- und Picknickmöglichkeit. Geradeaus lohnt ein Abstecher zur Windmühle. Wieder zurück, sehen wir gegenüber dem Gasthof die Buttermühle, den dritten Museumsteil. Wir gehen auf der Unewatter Straße am Gasthof vorbei, auf der leicht ansteigenden Straße weiter und passieren ein Herrenhaus. Am Ende des Weges erreicht man den vierten Museumsteil, den Marxenhof.

Vom Parkplatz Marxenhof geht man nach links zur Bundesstraße 199, dort nach rechts auf den Radweg. An der ersten Abzweigung verlassen wir den Radweg und die B 199 nach rechts in einen Weg, der als Sackgasse gekennzeichnet ist. Der Weg verzweigt sich sehr schnell, wir gehen links in den Kastanienweg. Am nächsten Wege-T gehen wir nach links. Wir passieren das Ortsendeschild von Unewatt: Langballig 1 km. Kurz darauf sind wir in Langballig, Straße Unewattfeld, aus der Schmiedestraße kommend. An der nächsten Gabel biegen wir ab in die Straße „An der Schulau“. An der Schule gehen wir links zur Hauptstraße und erreichen kurz darauf, rechts gehend, unseren Ausgangspunkt, den Parkplatz.

13. Geltinger Birk

Wege wie Laubengänge sind Teil der Wanderung rund um die Geltinger Birk.

Die Geltinger Birk ist ein Naturschutzgebiet aus Salz- und Feuchtwiesen mit sehr urtümlichem Charakter. Überall ist die prägende Kraft des Meeres erkennbar. Die Wanderung führt um eine Landzunge herum, die weit in die Ostsee hineinreicht.

Charakter der Tour: Rundwanderung teils auf Asphalt, überwiegend jedoch auf unbefestigten Wegen, Bademöglichkeit • **Beste Jahreszeit:** ganzjährig • **Reine Gehzeit:** 2 Stunden, 25 Minuten • **Streckenlänge:** 12,2 Kilometer • **Markierung:** keine • **Einkehren:** Café in Falshöft • **Karten:** Topographische Landkarten Nr. 1225, 1226 1 : 25 000 oder L 1324, 1 : 50 000 • **Ausgangspunkt** ist der Parkplatz Goldhöft an der Zufahrt zur Birk, zwischen Gelting und Nieby.

Sommerweg: Bei schönem und trockenem Wetter kann man vom Parkplatz aus den neuen, ausgeschilderten Wanderweg Richtung Falshöft, an Niebywesterfeld vorbei, nehmen. Nach längerem Regen ist dieser Weg jedoch meist durchweicht und nicht passierbar.

① Parkplatz – ② Strand Falshöft, 48 Minuten Gehzeit, 4300 Meter

Vom Parkplatz gehen wir zur Fahrstraße zurück. Nach 650 Metern wenden wir uns nach links. 10 Minuten später pas-

sieren wir die Abzweigung nach Nadelhöft und sehen bereits den Funkturm, an dem wir später links abbiegen. 8 Minuten später erreichen wir Nieby, zehn Minuten später den Funkturm. Wir gehen links nach Falshöft, das wir knapp 11 Minuten später erreichen. Das Café liegt links, in der Saison von 12 – 18 Uhr geöffnet, außer montags. Wir gehen durch den Ort. Kurz vor dem Strand erreicht man das Infohaus des Naturschutzbundes mit Informationen zur Birk.

UTM-Wegepunkte:

①	32 U	05 58 398	60 69 464
②		05 61 880	60 69 703
③		05 58 514	60 72 369

② Strand Falshöft – ③ Spitze Birk, 57 Minuten Gehzeit, 4700 Meter

Wir wandern nach links, entweder am Strand oder auf dem Kiesweg. Nach einigen hundert Metern wechseln wir auf den breiten Fuß- und Radweg oberhalb des Strandes und folgen diesem bis zur Spitze der Birk.

③ Spitze Birk – ① Ausgangspunkt, 37 Minuten Gehzeit, 3200 Meter

Wir folgen weiter dem Strandweg und passieren nach 15 Minuten das Naturschutzwärterhaus, gehen nach links und sofort wieder rechts auf dem kürzesten Weg Richtung Windmühle Charlotte. Kurz darauf erreicht man wieder den Hauptwander- und Radweg und geht rechts weiter. Wir passieren die Windmühle und erreichen kurz darauf den Ausgangspunkt.

Beeindruckender Anblick: Die Windmühle Charlotte am Geltinger Noor.

14. Bordelumer Heide

Die Wanderung führt durch urwüchsige Wald- und Heidelandschaften auf einem Geestrücken Nordfrieslands entlang, der teilweise weite Aussichten bietet. Ein Naturlehrpfad ist in die Tour integriert. Vom Aussichtsturm an der B 5 hat man grandiose Blicke bis zur Nordsee.

Der Funkturm nördlich von Bredstedt hat eine Aussichtsplattform.

Charakter der Tour: Rundwanderung, teilweise auf unbefestigten Wegen • **Beste Jahreszeit:** Heideblüte im August, sonst ganzjährig • **Reine Gehzeit:** 1 Stunde, 50 Minuten • **Streckenlänge:** 8,6 Kilometer • **Markierung:** teilweise örtlich • **Einkehren:** Friesenkrug Stollberg • **Karten:** Topographische Landkarte Nr. 1319, 1:25 000 oder L 1318, 1:50 000 • **Ausgangspunkt** ist der Parkplatz am Funkturm Stollberg an der B 5 nördlich der Ortschaft Bredstedt.

① Parkplatz – Hauptweg zur B 5, 31 Gehminuten, 2200 Meter

Mit dem Rücken zur Bundesstraße gehen wir die Asphaltstraße entlang. Nach 400 Metern, an einer Verzweigung, nehmen wir den ersten Weg nach rechts, in die Straße „Am Stollberg". Wir folgen dem Asphaltweg geradeaus. Bald geht er in einen Feldweg über. Nach fast 20 Minuten, an einer Kreuzung mit Schautafeln, gehen wir geradeaus. Kurz darauf ② gibt es die Möglichkeit, nach rechts über einen ausgeschilderten Rundwanderweg in die Heide zu gehen. Wir gehen nach rechts und folgen dem hellen Sandweg. Wir passieren einige größere Fischteiche. Am Waldsaum halten wir uns links und folgen der Ausschilderung Rundgang. Wir erreichen das nächste

Wege-T, wieder an einigen Teichen, und gehen nach rechts auf dem breiten Weg Richtung Bundesstraße.

UTM-Wegepunkte:

①	32 U	04 96 484	60 55 257
②		04 96 154	60 56 324
③		04 97 423	60 56 854

Hauptweg – Bundeswehrdepot, 30 Minuten Gehzeit, 2700 Meter

Kurz darauf überqueren wir die Bundesstraße und gehen in den Beekensweg hinein. Danach kreuzt die Bahnlinie unseren Weg. Die Straße macht eine Kurve nach links. Unmittelbar davor haben wir einen Abzweig nach links zu einem Ferienhaus passiert. Wir nehmen einen Pfad nach rechts ins Naturschutzgebiet hinein, Schild: Schwarze Eule auf gelbem Grund. ③ Wir folgen dem Hauptwanderweg, auch als er nach links abknickt. Kurz darauf sehen wir rechts ein Reetdachhaus und gehen rechts weiter. Wir umrunden das Anwesen und gehen links auf die Asphaltstraße zu. Dort gehen wir nach links. Vor uns sehen wir bald darauf Bundeswehranlagen.

Bundeswehrdepot – Margarethenberg, 23 Minuten Gehzeit, 1700 Meter

Wir gehen in einen schmalen Pfad nach rechts hinein, der teilweise zugewachsen ist. Man kommt an einem Fischteich vorbei und geht dann durch einen sehr lichten Wald. Wir stoßen vor einer großen Koppel auf einen Querweg. Halblinks liegt ein Bauernhof. Wir umrunden die Koppel nach rechts. Ein Querweg kommt von rechts, wir gehen links weiter. Wir haben die Koppel halb umrundet und erreichen einen Asphaltweg. Wir gehen nach rechts. 10 Minuten später erreichen wir den Weiler Margarethenberg. Schon einige Zeit vorher haben wir rechts wieder den Funkturm Stollberg im Blick gehabt.

Margarethenberg – (1) Ausgangspunkt, 26 Minuten Gehzeit, 2000 Meter

Kurz darauf überqueren wir die Bahnlinie erneut, danach die Bundesstraße. Wir gehen kurz links und sofort wieder rechts in den Radweg hinein. Wir nehmen den ersten Weg nach rechts, eine Straße, die Hochsteen heißt. Einige hundert Meter weiter zweigt ein Weg zum Turm ab. Wir nehmen diesen Weg zum Turm. Eine Turmbesteigung ist möglich. Unmittelbar danach sind wir wieder am Ausgangspunkt.

Wald und Heide sind charakteristisch für das Wandergebiet bei Bredstedt.

15. Amrum

Amrum ist bekannt für seinen weitläufigen Sandstrand, den Kniepsand.

Die Insel Amrum mit ihrem südlichen Flair durch die Kombination von Dünen und Kiefernwäldern bietet eine herrliche Strand- und Dünenwanderung. Es gibt zahlreiche Bademöglichkeiten. Verschiedene Fährpassagen sind möglich, so ab Dagebüll, Schlüttsiel und Nordstrand (Strucklahnungshörn). Man erkundige sich genau nach den Zeiten, um den Aufenthalt auf der Insel den eigenen Bedürfnissen anzupassen. Adler-Express (ab Nordstrand): www.adler-schiffe.de, Telefon: (0 48 42) 9 00 00. Wyker Dampfschiffs-Reederei (ab Dagebüll oder Schlüttsiel): www.wdr-wyk.de, Telefon: (0 46 81) 8 00. Parkmöglichkeiten (gebührenpflichtig) in den Fährhäfen.

Charakter der Tour: Rundwanderung ● **Beste Jahreszeit:** ganzjährig ● **Reine Gehzeit:** 3 Stunden, 56 Minuten ● **Streckenlänge:** 16,4 Kilometer ● **Markierung:** keine ● **Einkehren:** diverse Lokale in Wittdün und Nebel ● **Karten:** Topographische Landkarte, Nr. 1315, 1316, 1:25 000 oder L 1314, L 1316, 1:50 000 ● **Ausgangspunkt** ist der Fähranleger in Wittdün.

① Anleger – ② Leuchtmarkierung, 55 Minuten Gehzeit, 4000 Meter

Den Anleger im Rücken gehen wir auf den Ort zu. Vor der Touristeninformation biegen wir nach links ab und gehen auf

der Uferpromenade entlang. Am Kiosk Kniepsand (DLRG-Station) verlassen wir die Strandpromenade und wechseln nach links auf den breiten Strand. Wir gehen auf dem Strand, die großen Dünen liegen rechter Hand. Rechts taucht gelegentlich ein Leuchtturm auf. Es ist der Leuchtturm auf der Großdüne, den wir später anlaufen werden. Linker Hand breitet sich bald die riesige Fläche des Strandes aus. Der bislang harte Sand geht bald über in losen Sand, was das Gehen beschwerlicher macht. Man passiert die südliche Dünenspitze Wriakhörn. Der Strand verengt sich ein wenig, was den Weg zum Meer verkürzt (Bademöglichkeit). Man erreicht eine Leuchtmarkierung.

UTM-Wegepunkte:

1	32 U	04 61 126	60 53 671
2		04 58 152	60 53 314
3		04 57 849	60 54 738
4		04 58 389	60 56 356

(2) Leuchtmarkierung – (3) Aussichtsdüne, 40 Minuten Gehzeit, 1800 Meter

Wir gehen nach rechts in die Dünen hinein. Der Weg steigt kurz an. Wir folgen ihm bis zum weithin sichtbaren Leuchtturm Großdün. Besichtigung nur montags bis freitags 8.30 – 12.30 Uhr. Nach dem Abstecher zum Leuchtturm geht man links weiter auf dem kombinierten Rad- und Wanderweg. Wir gehen immer geradeaus. Nach zehn Minuten wenden wir uns kurz vor einem Querweg einem weißen, lockeren Sandweg zu und steigen hinauf zur Aussichtsdüne.

③ Aussichtsdüne – ④ Kirche Nebel, 1 Stunde, 12 Minuten Gehzeit, 5900 Meter

Über einen Bohlenweg verlässt man die Düne und geht nach links zum Strand. Man passiert einen Kiosk (Strandhäuschen Süddorf) und ist kurz darauf wieder am Strand, der hier ebenfalls etwas schmaler ist. Wir gehen nach rechts. Wir erreichen den übernächsten Strandaufgang (Strandhalle) und verlassen den Strand nach rechts. Wir passieren das Lokal Strandhalle (Einkehrmöglichkeit) und gehen nach links auf einem Weg aus Waschbetonplatten durch die Dünen. Unmittelbar vor einem Waldstück kreuzt ein Sandweg den Waschbetonweg. Wir folgen dem Sandweg nach links. Kurz darauf erreichen wir einen Querweg und gehen rechts. An der nächsten Kreuzung gehen wir geradeaus nach Nebel hinein und erreichen dort die Kirche.

④ Kirche Nebel – ① Ausgangspunkt, 1 Stunde, 11 Minuten Gehzeit, 4700 Meter

Man geht geradeaus durch Nebel hindurch. Einkehrmöglichkeiten. An der Verzweigung am Ortsausgang (Haus mit Inschrift 1893) gehen wir nach links in einen Schotterweg. Der Hauptschotterweg knickt bald nach rechts ab. Wir folgen ihm und ignorieren den schmalen Grasweg, der nach links zum Meer führt. Kurz darauf zweigen wir am Hause Liekedeele nach links ab, dann sofort wieder nach rechts und gehen auf dem Deich weiter. Am Tonnenhof gehen wir kurz rechts und dann sofort wieder links. Weiter auf dem Deich gehend passieren wir den Jachthafen und erreichen 20 Minuten später den Fähranleger.

Weithin sichtbar ist der große Leuchtturm im südlichen Teil der Insel Amrum.

16. Schleswig

Die Wallanlage Haithabus ist Teil des Wanderwegs rund um Schleswig.

Eine abwechselungsreiche Tour beiderseits der Schlei: Viel Wald, Höhenzüge, der Ringwall der Wikingerburg Haithabu, Schleswigs Altstadt, die Fischersiedlung Holm und zwei Museen machen diese Wanderung zu einem Erlebnis. Eine Bootsfahrt über die Schlei, eine der weit ins Land ragenden Förden der Ostseeküste, runden die Strecke ab.

Charakter der Tour: Rundwanderung, überwiegend auf unbefestigten Wegen. Auch an heißen Tagen lohnenswert, da der Weg häufig im Schatten hoher Bäume verläuft. Mehrere Picknickmöglichkeiten und Badestellen. Schiffspassage: Fahrplanauskunft: www.schleswig-stadtwerke.de unter Stadthafen oder (0 46 21) 80 14 50 (Hafenmeister). Ab dem späten Vormittag stündlich, aber nur vier Fahrten am Tag. • **Beste Jahreszeit:** Mai bis September, da die Schleischiffahrt nur in der Saison verkehrt. • **Reine Gehzeit:** 3 Stunden • **Streckenlänge:** 14 Kilometer • **Markierung:** örtliche Hinweise • **Einkehren:** Café und Restaurant am Ausgangspunkt, auf dem Holm, am Rathausmarkt Schleswig, im Museum Haithabu • **Karten:** Topographische Landkarten Nr. 1423, 1523, 1 : 25 000 oder L 1522, 1 : 50 000 • **Ausgangspunkt** ist der Parkplatz vor dem Landesmuseum Schloss Gottorf in Schleswig. Das Museum ist von der B 76 ausgeschildert. Wer möchte, beginnt die Wanderung mit einem Museumsbesuch und macht sich erst anschließend zur Wanderung fertig. Für die Besichtigung sollte man ein bis zwei Stunden einplanen. Im Schleswiger Dom lohnt eine Turmbesteigung, für die etwa 20 Minuten benötigt werden.

(1) Schloß Gottorf – Dom, 26 Minuten Gehzeit, 2300 Meter

Vom Parkplatz vor dem Museum gehen wir rechts an der Außenfassade entlang und umrunden das Museum nach links am Restaurant vorbei. Hinter dem Museum geht es rechts Richtung Reithalle. Man unterquert eine Hofeinfahrt, geht über die Brücke, anschließend halbrechts und sofort links in Richtung Zollhaus. Schild: Durchgang. Man geht zwischen einer Tankstelle und dem Schlosscafe hindurch, überquert zwei Straßen und erreicht nach 13 Minuten die Uferpromenade der Schlei. Dort gehen wir nach links, immer mit Blick auf den Dom. Nach 20 Minuten kommen wir am Jachthafen vorbei. Der Weg verläßt die Schlei. Wir gehen auf einem rot gepflasterten Weg unter Pappeln geradeaus auf den Dom zu. Links liegt ein Sportplatz, rechts eine parkähnliche Anlage mit Spielplatz. Wir erreichen die Süderdomstraße. Rechts ist schon der Fischerort Holm ausgeschildert, wir gehen jedoch geradeaus auf den Dom zu. Besichtigungszeiten: 9–17 Uhr, sonntags 13.30–17 Uhr.

Dom – Schiffsanleger, (2) 25 Minuten Gehzeit, 2000 Meter

Vom Dom gehen wir weiter geradeaus durch die Süderdomstraße, passieren den Rathausmarkt (Einkehrmöglichkeit) und gehen durch die Altstadt weiter geradeaus. Am Ende der Süderdomstraße nehmen wir den Weg rechts. Wir kommen nach Holm. Rechts sieht man den Schiffsanleger, von dem aus wir später nach Haithabu übersetzen. Wir gehen geradeaus auf den malerischen Holm (Einkehrmöglichkeit), erreichen den Friedhof, gehen rechts vorbei und in die erste Gasse rechts zur Schlei. Von dort hat man einen schönen Blick aufs Wasser und die Häuser. Wir gehen zurück, umrunden den Friedhof rechts. Ein Abstecher zu einem Rundgang auf dem Klostergelände ist empfehlenswert. Zurück am Friedhof halten wir uns dann am Café rechts. Anschließend gehen wir links zum Hafen. Am ersten Anleger liegen die Boote nach Haithabu. Fahrkarten gibt es auf dem Boot.

③ Anleger Haithabu – Noorbrücke, 47 Minuten Gehzeit, 3200 Meter

UTM-Wegepunkte:

①	32 U	05 34 970	60 40 556
②		05 36 954	60 40 567
③		05 37 030	60 39 177
④		05 37 389	60 37 782

Die Überfahrt dauert 15 Minuten. Auf der anderen Seite passieren wir zunächst den Anleger am Campingplatz. Bei Niedrigwasser endet die Fahrt hier. Dann muss man links gehen und die Hauptstraße bei einer Ampel überqueren. Anschließend folgt man der Ausschilderung zum Museum.

Wir steigen jedoch beim Anleger im kleinen Stichkanal aus. Er liegt in der Nähe des Wikinger-Museums. Wir nehmen den schmalen Pfad. Kurz darauf geht es links ab zum Museum (Einkehrmöglichkeit). Vom Eingang gehen wir nach links weiter (zwischen Friedhof und Museum). Der Weg führt wieder das X des Fernwanderweges. Wir erreichen bald den Ringwall der alten Wikingerburg. Wir verlassen den Hauptwanderweg und gehen auf dem Ringwall weiter. Der erste Ringwall endet kurz darauf, ein auffälliger Weg zweigt nach links ab. Wir gehen jedoch auf dem anschließenden Ringwall weiter geradeaus, Markierung X. Wir können schon die Noorbrücke sehen, die wir später passieren. 13 Minuten, nachdem wir den ersten Ringwall erreicht haben, gehen wir endgültig von ihm herunter. Der Wall mündet in den von links kommenden Weg. Er ist als Wanderweg ausgeschildert. Der Ringwall setzt sich geradeaus fort. Wir gehen jedoch nach rechts. Wir passieren eine Siedlung und folgen dem ausgeschilderten Wanderweg zur Noorbrücke.

Wir erreichen eine Kreuzung. Geradeaus verläuft ein unbefestigter Weg. Die Straße, aus der wir kommen, heißt Wedelspang. Wir gehen nach links, der Markierung X, „Wanderweg“ und Nummer 5 folgend. Kurz darauf gabelt sich der Weg bei einem Findling. Wir gehen nach rechts, der Markierung nach. Wir sind jetzt fast an der Fahrstraße. Unmittelbar davor biegt der Wanderweg zur Noorbrücke nach links ab. Wir verlassen die Asphaltstraße und gehen, links der Markierung folgend, in den Gehweg.

Wir gehen in einem Hohlweg, gelegentlich sehen wir die Noorbrücke. Wir passieren den Syggtrykk-Stein. Es handelt sich um eine Nachbildung des im Museum Haithabu stehenden Originals. Am Stein befindet sich ein Picknickplatz. Wir kommen zur Noorbrücke zwischen Haddebyer und Selker Noor und überqueren sie.

(4) Noorbrücke – B 76, 26 Minuten Gehzeit, 1900 Meter

Man geht geradeaus weiter. Kurz darauf an der Kreuzung gehen wir nach links, Richtung Haddeby, nicht nach rechts, Richtung Selk. Der Weg verläuft immer oberhalb des Haddebyer Noors. Der Weg führt bald nach links abwärts. Hält man sich wieder links, erreicht man das Ufer mit Badestelle und Picknickplatz (Abstecher). Wir gehen geradeaus weiter und kommen an einer Trinkwasserstelle vorbei. Wir erreichen eine Bootsanlegestelle mit Parkplatz. Dahinter verläuft die B 76, die wir überqueren.

B 76 – (1) Ausgangspunkt, 40 Minuten Gehzeit, 3600 Meter

Man geht nach links, parallel zur B 76 auf einem kombinierten Fuß- und Radweg. Es bietet sich eine schöne Aussicht auf Schleswig. Bald darauf passieren wir den Eingang zum Campingplatz. Unmittelbar darauf zweigt der Fußweg nach rechts ab. Wir kommen am Außen-Schiffsanleger vorbei. Von hier aus kann man wieder nach Schleswig mit dem Boot zurückfahren. Wir gehen jedoch links weiter zwischen

Straße und Schlei. Einige Picknickmöglichkeiten begleiten unseren Weg.
Der Weg knickt nach links ab und führt wieder zur Straße zurück. Unmittelbar vor der Straßenunterführung gehen wir nach rechts in den Weg (Fußgängerschild), der wieder neben der B 76 läuft. Wir passieren einen Parkplatz und gehen schließlich auf der Rückseite eines Lärmschutzwalls. Wir erreichen eine Brücke und gehen rechts in die Straße „Herrenstall". Schräg gegenüber liegt das Gebäude des Oberlandesgerichts. Man überquert den Europaplatz an der Fußgängerampel und erreicht auf direktem Weg das Schloss Gottorf.

Auch an heißen Tagen spenden die Bäume neben dem Wanderweg Schatten.

17. Eckernförde

Stimmungsvoller Blick auf das Windebyer Noor bei Eckernförde.

Das Windebyer Noor ist ein ehemaliger Ausläufer der Ostsee, der jetzt nur noch über eine Schleuse mit der Eckernförder Bucht verbunden ist. Der Wanderweg umrundet das Noor und führt durch eine abwechselungsreiche Landschaft aus Mischwald, Schilf und freien Wiesen, fast immer in unmittelbarer Nähe des Gewässers. Eckernförde ist eine lebhafte Hafenstadt mit Badestrand.

Charakter der Tour: Rundwanderung, weitgehend auf unbefestigten Wegen. Bademöglichkeiten im Noor und in der Ostsee. • **Beste Jahreszeit:** ganzjährig • **Reine Gehzeit:** 2 Stunden, 42 Minuten • **Streckenlänge:** 11 Kilometer • **Markierung:** IVV-Rundwanderweg: Blaue Eins auf gelbem Grund • **Einkehren:** zahlreiche Möglichkeiten in Eckernförde. • **Karten:** Topographische Landkarten Nr. 1524, 1525, 1:25 000 oder L 1524, 1:50 000 • **Ausgangspunkt** ist ein kleiner Wanderparkplatz an der Straße zwischen Eckernförde und Osterby in der Ortschaft Windeby, Straße „An der Landesstraße“. Er ist nicht als Parkplatz gekennzeichnet und nur mit dem Schild des Wanderweges „Noor“ beschildert.

① Ausgangspunkt – ② Hafen, 47 Minuten Gehzeit, 3100 Meter

Wir wenden uns vom Parkplatz der Fahrstraße (L 265) zu und gehen nach links auf dem Radweg zur Windeby-

Siedlung. Kurz hinter dem Ortsschild Eckernförde biegen wir links ab in eine Straße mit dem Hinweis-Schild „Schule am Noor". An der nächsten Querstraße halten wir uns links in den Lorenz-von-Stein-Ring. Wir passieren den Parkplatz Kakabellenweg und sehen bereits den Hinweis zum Parkplatz „Grüner Weg". Wir gehen auf der rechten Straßenseite. Hinter einem Verbrauchermarkt erreichen wir die B 76 und halten uns rechts bis zu einem Fußgängertunnel. Durch diesen unterqueren wir die B 76, halten uns links und sind jetzt auf dem Parkplatz Grüner Weg, Wohnmobilteil. Wir gehen links weiter und anschließend sofort rechts. Wir gehen durch einen Fußgängertunnel und überqueren danach die Hauptstraße an der Ampel. Kurz darauf geht man entweder geradeaus zum Strand oder nach links in die Kieler Straße hinein, die Fußgängerzone. In der Fußgängerzone folgt man der Kieler Straße und bleibt später rechts, bis man zum Hafen kommt. Geht man am Strand, hält man sich links und geht immer am Wasser entlang bis zum Hafen.

UTM-Wegepunkte:

①	32 U	05 52 576	60 35 402
②		05 54 530	60 36 591
③		05 53 441	60 36 386
④		05 50 759	60 36 820

② Hafen – ③ Noor-Fischerei, 20 Minuten Gehzeit, 1250 Meter

Wir folgen dem Hafenbecken. An dessen Ende wenden wir uns nach rechts, und anschließend überqueren wir an der

Ampel die Hauptstraße nach halblinks in die Noorstraße hinein, der wir folgen. An deren Ende überqueren wir die B 76. Wir folgen einem Schild „Noor-Fischerei“, die wir kurz darauf erreichen. Der Weg zweigt rechts ab.

③ Noor-Fischerei – ④ Plattenweg, 60 Minuten Gehzeit, 4000 Meter

Wir folgen diesem Weg, immer am Wasser entlang, das links von uns liegt. Der Weg führt schließlich vom Noor weg und trifft auf einen Querweg in Form eines Plattenweges. Links ein Schild: Noorwanderweg Eckernförde – Windeby. Wir folgen diesem Weg nach links

④ Plattenweg – ① Ausgangspunkt, 35 Minuten, 2600 Meter

Kurz darauf erreichen wir das Noor wieder und zwar bei dem Granitstein „De witte Steen“, der im Wasser zu sehen ist. Dort ist eine Bademöglichkeit. Wir folgen jetzt einfach dem Pfad, der immer in Ufernähe weiterführt und uns schließlich automatisch zu unserem Ausgangspunkt zurückbringt.

Viele Wanderwege in Schleswig-Holstein sind von Bäumen gesäumt.

18. Hüttener Berge

Beliebtes Ausflugsziel: Das Bismarckdenkmal auf dem Aschberg.

Auf dem Aschberg im Naturpark Hüttener Berge befindet sich das Bismarckdenkmal, das bis 1919 auf dem Nordschleswiger Knivsberg stand. Die Wanderung führt durch ein abwechselungsreiches Gebiet mit Wald, offenen Hügelflächen und kleinen Orten.

Charakter der Tour: Rundwanderung, überwiegend auf unbefestigten Wegen • **Beste Jahreszeit:** während des ganzen Jahres möglich • **Reine Gehzeit:** 2 Stunden, 50 Minuten • **Streckenlänge:** 10,6 Kilometer • **Markierung:** Teilweise weißes Andreaskreuz des Europäischen Fernwanderweges, örtliche Markierungen: Reh, Baum, Eichhörnchen • **Einkehren:** Gasthof auf dem Aschberg • **Karten:** Topographische Landkarten Nr. 1524, 1523 1 : 25 000 oder L 1522, L 1524 1 : 50 000 • **Ausgangspunkt** ist der Wanderparkplatz in Schoothorst. Man erreicht ihn von der Ausfahrt Owschlag der A 7 über Brekendorf in Richtung Fleckeby, dann Ascheffel, auf der Kreisstraße 53. Nach der Umrundung eines Waldgebietes ist der Ort Schoothorst (es handelt sich um Oberschoothorst) ausgeschildert. Nach 100 Metern erreicht man den Parkplatz. Anfahrt aus Richtung Eckernförde-Owschlag: In den Ort Ascheffel fahren und dann nicht der Ausschilderung Aschberg folgen, sondern nach Oberschoothorst. Man erreicht dann links den Parkplatz.

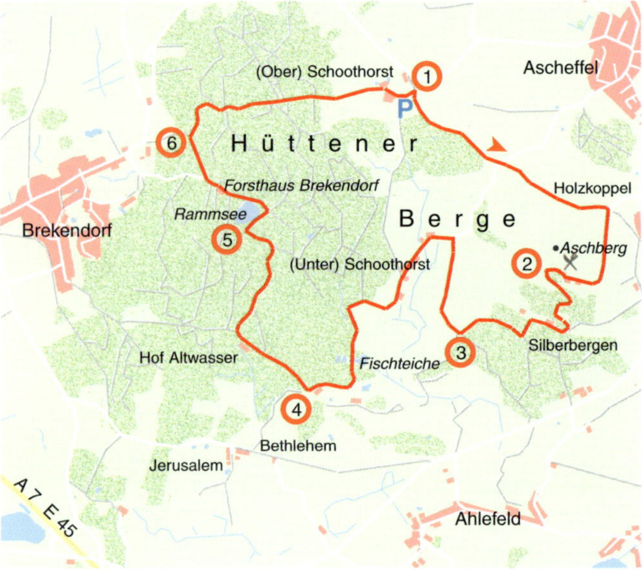

UTM-Wegepunkte:

①	32 U 05 43 807	60 31 406
②	05 44 796	60 30 197
③	05 44 106	60 29 783
④	05 43 064	60 29 412
⑤	05 42 665	60 30 543
⑥	05 42 252	60 31 141

① Parkplatz – ② Bismarckdenkmal Aschberg, 35 Minuten Gehzeit, 2500 Meter

Wir nehmen den kleinen Weg in Verlängerung des Asphaltweges, auf dem wir zum Parkplatz gefahren sind. An seinem Beginn steht ein Findling mit der Aufschrift Schoothorst. Es geht zunächst abwärts. Nach zehn Minuten erreichen wir eine Asphaltstraße, die unmittelbar darauf in eine Kreuzung mündet. Hier sind Radwege ausgeschildert sowie, mit der Rückseite zu uns, ein Wegweiser zum Aschberg. Diesem Weg folgen wir geradeaus weiter.
Nach weiteren zehn Minuten kommen wir an einem Wege-T auf eine Fahrstraße und gehen auf ihr rechts den Aschberg hinauf. Auf dem Aschberg passieren wir zunächst die Jugendherberge, kurz darauf erreichen wir die Aschberggaststätte und anschließend das Bismarckdenkmal.

② Bismarckdenkmal – Abzweigung Waldlehrpfad, 12 Minuten Gehzeit, 750 Meter

Wir gehen am Denkmal vorbei und folgen dem Weg, der geradeaus abwärts führt. Es begegnet uns zum ersten Mal die Markierung mit dem Andreaskreuz. Kurz darauf gabelt sich der Weg. Wir gehen nach rechts abwärts. Kurz darauf halten wir uns im Wald rechts und folgen weiter der Markierung weißes Andreaskreuz. Wir befinden uns auf einem Waldlehrpfad. Bald erkennen wir voraus ein Gehöft zwischen den Bäumen. Wir passieren das Gehöft, das in der Karte mit „Silberbergen“ eingetragen ist und gehen nach rechts auf einem Weg weiter (rechts ein Stein mit der Aufschrift 17). Der Weg führt auf ein weiteres Anwesen zu. Wir biegen vorher links ab. Auch hier ist der Weg wieder als Waldlehrpfad gekennzeichnet.

Abzweigung – Ortsende Unterschoothorst, 37 Minuten Gehzeit, 2000 Meter

Wir erreichen eine Senke im Wald. Ein Weg kommt von links. Wir verlassen den Waldlehrpfad und biegen nach rechts ab (Andreaskreuz). Fünf Minuten später gabelt sich der Weg. Wir gehen nach rechts aus dem Wald heraus in einen Hohlweg hinein. (Andreaskreuz) (3) Kurz darauf erreichen wir Unterschoothorst. Nachdem wir die ersten Häuser passiert haben, erreichen wir die Fahrstraße und folgen ihr nach links (Andreaskreuz). Hinweis: Heidberg. Im Ort folgen wir nicht mehr der Ausschilderung Andreaskreuz, die nach rechts abgeht, sondern gehen am Ende von Schoothorst auf dem Asphaltweg geradeaus.

Ortsende Unterschoothorst – Abzweigung hinter Hof Altwasser, 27 Minuten Gehzeit, 1950 Meter

Der Asphaltweg hört sehr schnell auf und geht in einen Feldweg über. Wir passieren an einem Baum ein aufgemaltes Hufeisen als Zeichen für einen Reitweg sowie ein aufgemaltes Reh. In einer Kurve zweigt ein Weg nach links ab, wir halten uns rechts und sehen bald wieder das Hufeisen. Fünf Minuten danach gehen wir an einigen kleinen Fischteichen vorbei.

Wir passieren ein Gehöft und kommen auf eine Betonstraße, die in einen Spurplattenweg übergeht. Wir halten uns rechts und folgen nicht mehr dem Hufeisen. (4) Der Weg ist jetzt mit dem Symbol eines weißen Laub-Baums markiert. Nach wenigen hundert Metern kommen wir am Hof Altwasser vorbei. Etwa 200 Meter hinter dem Hof macht der Spurplattenweg eine Biegung nach links. Wir zweigen hier rechts in einen Weg ab, der in den Wald hinein führt. Der Weg ist mit einer Schranke versehen. Die Markierungen

Baum und Eichhörnchen sehen wir hier noch einmal an dem Weg, den wir verlassen.

Abzweigung – ⑤ Rammsee, 12 Minuten Gehzeit, 900 Meter

Nach fünf Minuten erreichen wir eine in sich verschobene Wegekreuzung und halten uns links. Kurz darauf, an einem Wege-T, gehen wir links. Wir erreichen den Rammsee. Wir gehen an der Wegegabel rechts und kommen zu einer kleinen Wiese mit Bank.

⑤ Rammsee – Brekenberg, 29 Minuten Gehzeit, 1600 Meter

Wir folgen dem Weg am See entlang. Am Ende des Sees zweigt unser Weg nach links ab, und führt wieder leicht abwärts zum See. Wir begegnen erneut dem weißen Andreaskreuz. Wir passieren eine Schutzhütte und erreichen zwei Minuten später die Försterei Brekendorf. Wir passieren eine Schranke und gehen bergab. Kurz hinter dem Forsthaus verlassen wir den Hauptweg und gehen nach rechts in einen Weg, der schnurgerade durch den Wald führt. Rechts neben uns führt wieder ein Reitweg durch den Wald. Wir stoßen auf einen breiten Weg, der nach links aus dem Wald herausführt und nach rechts ansteigt. ⑥ Wir gehen nach rechts und passieren die Schutzhütte am Brekenberg.

Schutzhütte – ① Ausgangspunkt, 20 Minuten Gehzeit, 1300 Meter

Wir folgen unbeirrt dem Hauptweg, sämtliche Abzweigungen ignorierend. Die Ausschilderung jetzt: stilisierter Tannenbaum. Der Scheelsberg links ist von Bäumen bewachsen. Eine Aussicht von dort nicht möglich. 12 Minuten später verlassen wir den Wald und passieren den Wanderparkplatz Scheelsberg. Wir folgen der Asphaltstraße und erreichen die ersten Häuser von Oberschoothorst. Wir ignorieren einen Ortswegweiser, der nach (Unter) Schoothorst weist und gehen halblinks auf die Häuser zu. Kurz darauf sind wir wieder am Ausgangspunkt.

19. Westerhever Sand

Wahrzeichen Schleswig-Holsteins: Der Leuchtturm Westerhever Sand

Der Westerhever Leuchtturm, im Vorland der Halbinsel Eiderstedt gelegen, gehört zu den meistbesuchtesten Ausflugszielen in Schleswig-Holstein. Man meide daher Wochenenden in der Hauptsaison oder lange Feiertagswochenenden, wenn sich ein nicht abreißender Strom von Spaziergängern auf dem kürzesten Weg zwischen dem gebührenpflichtigen Parkplatz und dem Leuchtturm bewegt. Der Leuchtturm kann nur montags und mittwochs bestiegen werden. Eintrittskarten müssen bereits am Infozentrum am Parkplatz Ahndel gekauft werden (Streckenabschnitt der Wanderung). Die Wanderung führt durch das weite Vorland, das für die Nordseeküste im Bereich des Wattenmeeres so typisch ist. Bademöglichkeit in Stufhusen oder auf der dem Vorland vorgelagerten Sandbank.

Charakter der Tour: Rundwanderung auf befestigten Wegen • **Beste Jahreszeit:** Mai bis Oktober • **Reine Gehzeit:** 2 Stunden, 20 Minuten • **Streckenlänge:** 9,6 Kilometer • **Markierung:** keine • **Einkehren:** Kiosk am Parkplatz Ahndel • **Karten:** Topographische Landkarte Nr. 1617, 1 : 25 000 oder L 1716, 1 : 50 000 • **Ausgangspunkt:** Parkplatz auf einem Seitenstreifen am Ende des Weilers Leikenhusen (für Wohnmobile gesperrt). Man erreicht diesen Parkplatz, wenn man durch Westerhever fährt, den gebührenpflichtigen Parkplatz passiert, danach sofort links in eine Straße einbiegt (Schilder 30 km/h, 10 t), dann nach Leikenhusen fährt und sich am Deich links hält. Wohnmobilisten beginnen die Wanderung vom gebührenpflichtigen Parkplatz aus. Sie gehen auf den Deich, überqueren ihn und gehen nach rechts, immer auf dem Weg vor dem Deich entlang. Weiterlesen in der Beschreibung ab Deichüberquerung, dann aber rechts halten.

① Deichaufgang – Stufhusen, 33 Minuten Gehzeit, 2600 Meter

Schon beim Überqueren des Deiches sehen wir den mächtigen Leuchtturm Westerhever Sand. Wir gehen nach rechts auf dem Weg vor dem Deich entlang. Wir passieren ein Hinweisschild, das uns die Benutzbarkeit des Rückweges vom Leuchtturm erklärt. Kurz darauf stoßen wir auf die Deichüberquerung vom gebührenpflichtigen Parkplatz, gehen aber geradeaus weiter. Wir passieren etwa 20 Minuten später ein Gatter. Links vor uns liegen die Nordseeinsel Pellworm sowie die Hallig Süderoog. Wir erreichen einen Deichaufgang und gehen nach rechts über den Deich. Kurz darauf sind wir in der Warftsiedlung Stufhusen. Dort steht ein imposanter Haubarg. In Stufhusen gibt es eine Bademöglichkeit.

② Stufhusen – gebührenpflichtiger Parkplatz, 25 Gehminuten, 1600 Meter

Auf dem Deich oder wieder unten gehen wir jetzt zurück. Wenn man auf dem Deich geht, erreicht man bei einer kleinen Pension nach etwa 20 Minuten (1200 Meter seit Stufhusen) einen Durchlass im Zaun am Deichfuß auf der Landseite. Geht man nicht auf dem Deich, achte man rechts auf einen auffällig breiten Priel sowie eine zaunähnliche Brücke, um den Übergang zu finden. Wir gehen jetzt durch diesen Durchlass nach rechts auf dem Weg binnendeichs zum Parkplatz. Dort gibt es einen Imbiss, öffentliche Toiletten und touristische Informationen.

Parkplatz – ③ Leuchtturm, 30 Minuten Gehzeit, 2000 Meter

Wir überqueren den Deich, halten uns kurz rechts und dann links auf dem Weg durchs Vorland und folgen dem Plattenweg zum Leuchtturm. Am Leuchtturm ist fast immer das Informationszentrum des Naturschutzbundes geöffnet. Es gibt Bänke, auf denen man Picknick machen kann. Genau gegenüber des Leuchtturms führt ein kleiner Pfad durch das Vorland zum Deich zurück (nur Mai bis Oktober geöffnet). Auf ihm erreicht man in 10 Minuten die Stelle, die wir vorhin beim Hinweisschild passiert haben. Danach geht man nach rechts. Nach etwa 200 Metern muss man nach

links hinauf auf den Deich und man erreicht den Ausgangspunkt.

UTM-Wegepunkte:

①	32 U	04 77 408	60 25 620
②		04 78 010	60 27 565
③		04 76 701	60 25 136

③ Leuchtturm – ① Parkplatz (langer Weg) 38 Minuten Gehzeit, 2300 Meter.

Außerhalb dieser Jahreszeit oder für die, die noch zur Sandbank wandern wollen: Wir nehmen den gleichen Weg zurück (Achtung: Nicht auf einem Weg geradeaus ins Vorland gehen. Der Abzweig nach rechts auf den Strand ist Brutgebiet und darf nicht betreten werden). Am Querweg halten wir uns später links und wandern auf die Sandbank hinaus (20 Minuten). Ansonsten rechts gehen und am Deich wieder nach rechts bis kurz hinter das Schild mit dem Hinweis auf den Stichweg durchs Vorland. 200 Meter dahinter links über den Deich zum Parkplatz.

20. Stapelholm

Das Hügelland von Stapelholm bietet weite Ausblicke über die benachbarten Niederungen.

Der Stapelholmer Geestrücken erstreckt sich in West-Ost-Richtung hoch über den Niederungen von Eider und Treene. Auch wenn die „Berge“ genannten Höhenzüge kaum einmal die 40 Meter erreichen, kann man von dort weit über die Niederungen und Marschen im Norden und Süden blicken. Bergenhusen ist in Schleswig-Holstein bekannt für seine zahlreichen Storchennester. In Süderstapel gibt es Bademöglichkeiten in der Eider.

Charakter der Tour: Rundwanderung, überwiegend auf befestigten Wegen. Weitgehend ohne Schatten. • **Beste Jahreszeit:** Mai bis August, während der Storchenzeit • **Reine Gehzeit:** 5 Stunden • **Streckenlänge:** 21 Kilometer • **Markierung:** weitgehend ohne, zeitweilig weißes X des Eider-Elbe-Schlei-Wanderweges, örtliche Markierungen • **Einkehren:** Gasthaus Hoier-Boier in Bergenhusen • **Karte:** Topographische Karte 1621, 1:25 000 oder L 1720, 1:50 000 • **Ausgangspunkt** ist der Campingplatz in Süderstapel, direkt an der Eider gelegen.

① Campingplatz – Ortseingang Norderstapel, 45 Minuten Gehzeit, 3200 Meter

Wir starten am Campingplatz Süderstapel unmittelbar an der Eider. Fünf Minuten später, nachdem wir die Badestelle passiert haben, gehen wir auf der Straße links in den Ort hinein. Kurz darauf geht es rechts ab in die Eiderstraße. Nach einem Linksschwenk gehen wir auf der Hinrich-Medau-Straße rechts aus dem Ort heraus. Nach 20 Minuten erreichen wir den Wollenberg. Wir haben einen herrlichen Blick auf die Eiderniederung. Der Weg führt links am Rand einer Böschung bergab. Unten überqueren wir die Senke über eine Brücke nach links und steigen auf der anderen Seite die Böschung wieder hinauf. Markierung: Route 3. Wir gehen ein Stück an der Böschung entlang, bevor der Weg scharf nach rechts in einen Sandweg abbiegt. Wir folgen weiter der Route 3. Nach 45 Minuten Gehzeit erreichen wir Norderstapel.

Ortseingang Norderstapel - (2) Treenedeich, 25 Minuten Gehzeit, 2100 Meter

Wir gehen links in den Ort hinein. Wir überqueren die Hauptstraße bei Sievers Gasthaus und gehen geradeaus weiter. Links eine Schlosserei und Schmiede. Wir folgen links den Ausschilderungen der Radwege nach Bergenhusen und Schwabstedt. In der Meiereistraße gehen wir nach rechts aus dem Ort hinaus. Hinter dem Ortsschild gehen wir rechts und folgen einem Asphaltweg, der schnurgerade durch die Marsch bis zum Treenedeich führt.

(2) Treenedeich – Fahrstraße bei Brunsholm, 50 Minuten Gehzeit, 3200 Meter

Wir wandern weiter nach rechts, wahlweise auf dem Treenedeich oder einem parallel verlaufenden Plattenweg. Nach 23 Minuten kommen wir an der Treenebrücke an. Wir überqueren die Straße und folgen weiter der Treene. 12 Minuten später gelangen wir an ein Wege-T, kurz hinter einem Altarm der Treene. (3) Wir biegen rechts ab in einen Plattenweg, der links mit großen Birken bestanden ist. Nach 50 Minuten erreichen wir die Straße zwischen Blumental und Papenbrook bei Brunsholm.

Fahrstraße bei Brunsholm – Bergenhusen, 45 Minuten Gehzeit, 2700 Meter

Wir gehen nach rechts. Nach wenigen hundert Metern, an einer Häusergruppe, gehen wir nach links Richtung Brunsholm. An einem Schild mit Radwege-Ausschilderung wenden wir uns nach rechts. (4) Wir folgen dem Asphaltweg, der mit Schildern „Kleeblatttour Bargener Fähre“ markiert ist und erreichen nach 45 Minuten Bergenhusen. Wir gehen

durch den Ort, der Hauptstraße nach rechts folgend. In Bergenhusen gibt es zahlreiche Storchennester. Einkehrmöglichkeit im Gasthof Hoier-Boier.

Ortsausgang Bergenhusen – ⑦ asphaltierter Wirtschaftsweg, 55 Minuten Gehzeit, 3900 Meter

Am Ortsausgang lassen wir das Schild „Meggerndorf 7 km" links liegen und gehen auf einem asphaltierten Wirtschaftsweg in die Niederung hinunter (Straße Külken). Kurz darauf biegen wir nach rechts ab in einen ebenfalls asphaltierten Weg. ⑤ In einer Kurve folgen wir dem Asphaltweg nach rechts, wo er geradeaus in einen

Schotterweg übergeht. Nach 30 Minuten passieren wir ein Schild, das wir von rückwärts sehen: 5,5 Tonnen. Wir wenden uns nach links in einen Plattenweg auf ein Anwesen zu. Nachdem wir den Hof passiert haben, halten wir uns an einem Wege-T links auf einen weiteren Hof zu. An diesem zweiten Hof biegen wir scharf links ab in einen Feldweg. Ausschilderung: Norderstapel.

UTM-Wegepunkte:

1	32 U	05 14 309	60 22 244
2		05 15 697	60 25 003
3		05 16 770	60 25 856
4		05 18 301	60 25 249
5		05 20 833	60 24 814
6		05 18 966	60 23 931
7		05 18 557	60 24 132

Zu Beginn eines Niederwaldes nehmen wir den Weg nach rechts. Kennzeichnung: verwittertes weißes x auf schwarzem Grund mit Pfeil als Teil des Wanderweges Schlei-Eider-Elbe. (6) An einem weiteren Wege-T (Hochsitz) wenden wir uns nach rechts und folgen weiter der X-Markierung nebst Pfeil. Nach einem kurzen Anstieg erreichen wir wieder einen asphaltierten Wirtschaftsweg.

(7) Wirtschaftsweg – Ortseingang Norderstapel, 40 Minuten Gehzeit, 2800 Meter

Der Wirtschaftsweg führt nach links über die Sieben Berge Richtung Norderstapel. Nachdem wir das dritte Gehöft passiert haben, nehmen wir den ab jetzt gezählten dritten abzweigenden Weg nach links (an einer Kreuzung). Wir erreichen zehn Minuten später die Bundesstraße und gehen nach rechts nach Norderstapel hinein.

Ortseingang Norderstapel – Ausgangspunkt, 45 Minuten Gehzeit, 2500 Meter

Wir überqueren kurz hinter den Ortschildern die Bundesstraße und gehen links in den Weg hinein, den wir schon auf dem Hinweg benutzt haben und folgen ihm. 20 Minuten später, an der Brücke, die uns vom Hinweg her bekannt ist, steigen wir nicht die Böschung hinauf, sondern gehen geradeaus weiter. Wir erreichen auf diesem Weg erneut die Badestelle an der Eider und kurz darauf unseren Ausgangspunkt.

Bergenhusen ist für seine Storchennester bekannt.

21. Katinger Watt

Die breite Mündung der Eider begleitet uns auf der Wanderung durch das Katinger Watt.

Das Katinger Watt war bis 1973 Teil der Deltamündung der Eider in die Nordsee. Mit Schließung des Eiderdamms und Regulierung der Entwässerung der Eider durch das Sperrwerk ist das Katinger Watt in ein Feuchtgebiet umgewandelt worden. Direkt neben der Nordsee erstrecken sich jetzt Erlen- und Schwarzbuchenbrüche. Die Wanderung durchquert dieses eindrucksvoll abwechselungsreiche Gebiet, das die gesamte Vielfalt der Marschlandschaft an der Westküste erschließt.

Charakter der Tour: Rundwanderung, teils auf unbefestigten Wegen, teils auf Asphaltdämmen. ● **Reine Gehzeit:** 3 Stunden, 50 Minuten ● **Streckenlänge:** 15,9 Kilometer ● **Markierung:** zeitweise Wanderweg 2, rotes Quadrat ● **Einkehren:** Gasthäuser im Bereich des Eidersperrwerks, z.B. Strandpavillon am Ausgangspunkt, Seestern am Katinger Watt, Schankwirtschaft Andresen in Katingsiel
Karten: Topographische Landkarte Nr. 1719, 1 : 25 000 oder L 1718, 1:50 000 ● **Ausgangspunkt** ist die Badestelle Wesselburener Koog. Man erreicht sie ab Wesselburen mit dem Pkw Richtung St.-Peter-Ording. Hinter einigen Gemüsebauernhöfen, die ihre Produkte direkt vermarkten, ist der Badestrand ausgeschildert (300 Meter nach dem Hof Krieger links ab). Aus Richtung Eidersperrwerk nach dem Hinweisschild „Deichlamm“ rechts, dann wieder rechts.

UTM-Wegepunkte:

①	32 U	04 89 823	60 11 397
②		04 91 642	60 13 752
③		04 89 353	60 16 770
④		04 89 588	60 15 031

① Parkplatz Wesselburener Koog – Ostrand Parkplatz Katinger Watt, 30 Minuten Gehzeit, 2500 Meter

Vom Parkplatz am Strandpavillon (Ferienhausgebiet) überqueren wir den Deich und gehen rechts in Richtung Eidersperrwerk. Dort finden wir Informationstafeln zum Sperrwerk am Beginn der Treppe auf der Landseite. Wir gehen über das Eidersperrwerk hinweg und überqueren anschließend die Straße zum Katinger Watt. Links liegt das Restaurant Seestern.

Parkplatz Katinger Watt – ② Beginn zweite Wasserfläche, 32 Minuten Gehzeit, 1800 Meter

Am Ende des Parkplatzes gehen wir links in einen Pfad. Er führt kurz parallel zur Fahrstraße entlang. Der Pfad knickt rechts ab, an einem Zaun entlang. Wir erreichen den Asphaltdeich an der Eider. Wir folgen ihm nach links, wandern entweder auf der Krone des Deiches oder etwas später links unten auf einem kleinen Weg. Wir erreichen die erste Wasserfläche des Katinger Watts, bald darauf das Sieltor zwischen Wasserfläche und Eider. Hier tummeln sich gelegentlich Seehunde. Wir kommen wenige Minuten später an den Beginn der zweiten Wasserfläche, bei einem Schild „Naturschutzgebiet“. Es besteht die Möglichkeit, Wasservögel zu beobachten, wenn man ein Stück auf dem Damm weitergeht.

(2) Zweite Wasserfläche – 2. Brücke Ringpriel, 1 Stunde, 15 Minuten Gehzeit, 3300 Meter

Wir halten uns jedoch links, zwischen den Seen hindurch und überqueren kurz darauf die Verbindungsstraße zwischen Eidersperrwerk und Tönning. Links liegt eine kleine Schutzhütte, der Wanderweg ist mit einer 2 markiert. Es geht in den Bruchwald hinein. Wir erreichen ein kleines Gewässer mit einem Wege-T. Ein paar Schritte nach links gibt es herrliche Blicke auf die Wasserflächen. Wir folgen jedoch nicht dem Reitweg, sondern wenden uns nach rechts und bleiben auf dem Wanderweg 2. Die Beobachtungshütte, die wir am Ringpriel erreichen, lädt zu einer Pause ein, ebenso eine weitere Hütte, die wir 10 Minuten später passieren.
Die 2. Schutzhütte heißt Jägersruh. Die Wanderung verläuft zwischen Niederwald und kleinen Prielen. Immer wieder kann man Vögel beobachten. Schwarzpappeln und Roterlen sind hier gepflanzt worden, Eichen und Buchen sind dazugekommen. Wir kommen an eine erste Brücke über den Ringpriel und überqueren sie. Unmittelbar hinter der Brücke befindet sich eine Wegekreuzung. Links geht ein Reitweg ab, der breite Geh- und Fahrweg verläuft geradeaus. Wir halten uns jedoch rechts, weiter am Ringpriel entlang. Das Ende des Ringpriels ist kurz darauf erreicht. Schaut man nach Westen, sieht man bereits den gewaltigen Eiderdamm, auf dem wir nachher zurückgehen werden. Rechts ist der große Naturbeobachtungsturm zu erkennen, den wir später ebenfalls passieren, links das Eidersperrwerk. Wir gehen rechts herum und folgen kurz wieder dem Ringpriel auf der anderen Seite zurück.

2. Brücke Ringpriel – (3) Schankwirtschaft Andresen, 35 Minuten Gehzeit, 2400 Meter

Nach wenigen Metern lassen wir eine kleine (2.) Brücke rechts liegen und nehmen den Weg linker Hand, der an einem kleinen Graben zu unserer Rechten vorbeiführt. Auf der linken Seite eine Markierung: rotes Quadrat.
Wir kommen zu einem Wegekreuz. Rechts hinten liegt eine Schutzhütte. Verschiedene Wegweiser auf kleinen

Findlingen sind zu sehen, so z.B. rechts zum Parkplatz Schute. Wir gehen jedoch geradeaus weiter und sehen links auf einem weiteren Findling den Wegweiser Katingsiel. Kurz darauf lassen wir eine weitere Brücke rechts liegen. Wir folgen dem Weg weiter und passieren ein kleines Sieltor, danach ein Schöpfwerk mit Schranke. Ein Schild mit dem Hinweis „Kating Siel Schöpfwerk" ist angebracht. Katingsiel erreichen wir auf direktem Weg. Vor dem altem Eiderdeich liegt ein Parkplatz mit Sitzgruppe, dahinter das Haus Achtern Diek. Rechts geht es zur Schankwirtschaft Wilhelm Andresen hinunter (Einkehrmöglichkeit).

(3) Schankwirtschaft – Eiderdamm, 17 Minuten Gehzeit, 1000 Meter

Auf dem Eiderdeich gehen wir nach links, falls wir nicht zur Schankwirtschaft hinabstiegen. Wir passieren den Dakota Hofladen. Auf dem Deich fahren gelegentlich Fahrzeuge. Wir genießen den freien Blick zum Kirchturm Wesselburen, dem Silo in Wesselburen, zum Turm des Eidersperrwerks, dem Hochhaus in Büsum. Unten links liegen zwei Vogelbeobachtungshäuschen, die wir von der NABU-Station aus erreichen können, an der wir bald vorbeikommen. Am Ende des Deichweges, dort wo die Leitplanke endet, gehen wir kurz jenseits der Leitplanke zurück und überqueren die Fahrstraße zum Eiderdamm. Dort gehen wir links Richtung Eidersperrwerk.

Eiderdamm – (1) Ausgangspunkt, 1 Stunde 20 Minuten Gehzeit, 4900 Meter

Nach 20 Minuten passieren wir den Naturbeobachtungsturm (4), dann das Eidersperrwerk und erreichen schließlich unseren Ausgangspunkt. Dort gibt es eine schöne Liegewiese mit Möglichkeiten zum Baden oder Wattenlaufen.

Der Naturbeobachtungsturm bietet versteckte Blicke in die Umgebung.

22. Rendsburg

Der Wanderweg verläuft zum Teil direkt am Nord-Ostsee-Kanal.

Eine Wanderung am Nord-Ostsee-Kanal: Die Festungsstadt Rendsburg beeindruckt durch alte Militärgebäude und die technische Architektur der mit dem Kanal verbundenen Bauwerke. Besonders erlebnisreich sind auf dieser Wanderung die Unterquerung des Kanals im Fußgängertunnel Rendsburg sowie die Fahrt mit der Schwebefähre.

Charakter der Tour: leichte Rundwanderung, überwiegend auf befestigten Wegen • **Beste Jahreszeit:** während des ganzen Jahres möglich, im Sommer Bademöglichkeit im Rendsburger Natur-Freibad • **Reine Gehzeit:** 3 Stunden, 15 Minuten • **Streckenlänge:** 14,3 Kilometer • **Markierung:** keine Markierungen, teilweise Radweg Ochsenweg • **Einkehren:** in den Rendsburger Brückenterrassen an der Hochbrücke oder in der Rendsburger Innenstadt, am Ausgangs-/Endpunkt im Schülper Kroog • **Karten:** Topographische Landkarten. 1723, 1724, 1624, 1:25 000 oder L 1722, L 1724, 1 : 50 000 • **Ausgangspunkt** ist der kleine Ort Schülp bei Rendsburg, und zwar der Parkplatz an der Durchgangsstraße Westerrönfeld - Breiholzfähre schräg gegenüber vom Gasthof Schülper Kroog.

UTM-Wegepunkte:

①	32 U	05 40 987	60 12 584
②		05 41 853	60 13 139
③		05 42 280	60 15 115
④		05 43 307	60 17 108
⑤		05 44 446	60 16 530

① Ausgangspunkt – ② Rastplatz Ochsenweg, 18 Minuten Gehzeit, 1300 Meter

Wir gehen am Gasthof vorbei links in die Schmiedestraße hinein. Wir erreichen die Parkstraße, rechts ist der Ortsausgang zu sehen, geradeaus liegt der Friedhofsweg. Wir halten uns links und gehen auf die Kirche zu. Unmittelbar hinter der Kirche biegen wir in den Kieferweg ein und folgen diesem durch den Wald. Wir erreichen den Rastplatz Ochsenweg, eine kleine Sitzgruppe rechts des Weges mit einem Findling.

② Rastplatz – ③ Glockenturm, 28 Minuten Gehzeit, 2200 Meter

Wir gehen nach links auf dem asphaltierten Weg weiter. Ab hier begleitet uns die Markierung „Radweg Ochsenweg“. Wir erreichen erneut eine Markierung „Ochsenweg“ und sehen die ersten Giebel von Westerrönfeld. Wir passieren den Friedhof von Westerrönfeld. An einem Kreisel gehen wir geradeaus weiter in die Eichenallee. Rendsburg ist hier mit 4,6 km Entfernung angegeben. Wir bleiben auch nach Überquerung der Lindenallee in der Eichenallee.

(3) Glockenturm – Fußgängertunnel, 18 Minuten Gehzeit, 1500 Meter

Am Glockenturm der Kirche halten wir uns weiter links in der Eichenallee. Kurz darauf biegen wir rechts in die Dorfstraße ein. Wir erreichen den Nord-Ostsee-Kanal an der Kanalallee. Rechts liegt ein Freibad. Wir gehen Richtung Hochbrücke weiter und erreichen kurz darauf den Ortseingang Rendsburg. Hier halten wir uns links auf einen gelblich-grauen Ziegelbau zu. Er ist der Eingang zur Kanalunterquerung des Nord-Ostsee-Kanals.

Fußgängertunnel – (5) Brückenterrassen, 55 Minuten Gehzeit, 2400 Meter

Man kann wahlweise mit der Rolltreppe oder dem Fahrstuhl fahren. Wir unterqueren den Kanal und fahren auf der anderen Seite wieder nach oben. Wir gehen halblinks Richtung Paradeplatz/Eckernförde. Zu Beginn der Hindenburgstraße sehen wir wieder die Markierung Ochsenweg.

Nach Überquerung der Grafenstraße gehen wir weiter in die Königstraße und erreichen kurz darauf den Paradeplatz. (4) Wir gehen geradeaus am Lornsendenkmal vorbei in die Stadt. Wir kommen an ein großes weißes Gebäude, das Stadttheater. Hier gehen wir entweder zu einem weiteren Stadtbummel nach links, um von hier aus später wieder in unserer Hauptrichtung weiter zu gehen, oder gleich rechts in den Jungfernstieg. Am Paradeplatz passieren wir die Hauptwache und gehen dann links ab in die Prinzessinstraße. Im Hintergrund sehen wir die Stahlkonstruktion der Hochbrücke.

Die nächste Kreuzung überqueren wir geradeaus in die Kaiserstraße. Wir passieren die Kreisverwaltung. An der nächsten Kreuzung gehen wir in die Friedrich-Voß-Straße, Richtung Schiffsbegrüßungsanlage/Schwebefähre. Im Kreishafen folgen wir weiter der Richtung Schwebefähre zur Eisenbahnhochbrücke nach links. Wir schwenken kurz nach rechts ab und gehen am Kanalufer nach links zur Gaststätte

„Brückenterrassen" unmittelbar an der Schwebefähre. (Sonntags vormittags ist es hier schwer, einen Platz zu bekommen.)

⑤ Brückenterrassen – Ausgangspunkt, 1 Stunde, 25 Minuten Gehzeit, 5700 Meter

Wir überqueren den Kanal mit der Schwebefähre. Wir sind auf der Nordseite des Kanals und gehen auf dem Spurplattenweg am Kanal entlang nach rechts Richtung Westen. Am Fußgängertunnel kommen wir kurzfristig weg vom Kanal. Wir passieren das Norla-Gelände (Am Kampkanal), den Fußgängertunnel und gehen unmittelbar danach rechts wieder zum Kanalufer herunter. Ausschilderung: Schülp bei Rendsburg 4,7 km. Wir gehen links am Kanal entlang.

Wir erreichen den Schiffsanleger Schülp an einem Gebäude (Signalstation), das diesen Schriftzug trägt. Wir gehen links weiter, passieren einen Bolzplatz und gehen wieder rechts in den Ort hinein. In der Werftstraße gehen wir links, kurz darauf am Kriegerdenkmal gehen wir rechts und sehen bereits unseren Ausgangspunkt, den Parkplatz, den wir nach 200 Metern erreichen.

Einzigartig: Die Schwebefähre in Rendsburg.

23. Albersdorf

In Albersdorf ist ein Steinzeitdorf nachgebaut worden, das während der Wanderung besichtigt werden kann.

Die Gegend um Albersdorf gilt als archäologische Quadratmeile Schleswig-Holsteins und weist eine Vielzahl von Findlingen und Hügelgräbern aus der Steinzeit auf. Darüber hinaus verfügt das Gebiet über viel Wald, Moor und feuchte Niederungen. Die Wanderung führt durch das Steinzeitgebiet bis an den Nord-Ostsee-Kanal heran. Ziel ist die Hochbrücke Grünental mit schönen Ausblicken auf den Kanal und die Umgebung. Man erkundige sich unter der Nummer (0 48 52) 88 51 22, welche Schiffe wann zu erwarten sind.

Charakter der Tour: Rundwanderung, weitgehend auf unbefestigten Wegen ● **Reine Gehzeit:** 2 Stunden, 50 Minuten ● **Streckenlänge:** 11, 3 Kilometer ● **Markierung:** zeitweise weißes Andreaskreuz. Örtliche Markierungen ● **Einkehren:** Gasthaus an der Hochbrücke Grünental ● **Karten:** Topographische Landkarte Nr. 1821, 1921, 1:25 000 oder Nr. L 1920, 1:50 000. ● **Ausgangspunkt** ist der Bahnhof in Albersdorf.

① Bahnhof – Teich, 33 Minuten Gehzeit, 2300 Meter

Wir gehen vom Bahnhof in den Ort hinein, am Kurpark vorbei und in der Bahnhofstraße nach rechts. Auf Höhe der Polizeistation gehen wir nach links in den Weg „Brutkamp“,

Ausschilderung: Grabhügel. Kurze Zeit später geht es links ab, der Ausschilderung „Brutkamp" folgend. Man kann hier schon den Aussichtsturm sehen, den wir kurz darauf erreichen. Zuvor passieren wir in einer parkähnlichen Anlage den Brutkamp, ein imposantes Steingrab. Bald darauf erreichen wir den Aussichtsturm, der auf einem Hügelgrab errichtet wurde. Oben von der Plattform bieten sich weite Ausblicke ins Umland, auch bis zur Hochbrücke Grünental, dem Wendepunkt unserer Wanderung.

UTM-Wegepunkte:

1	32 U	05 19 022	59 99 902
2		05 19 246	59 99 617
3		05 20 757	59 98 521
4		05 21 325	59 97 398
5		05 20 261	59 98 348
6		05 19 052	59 98 348

Den Aussichtsturm und Häuser von Albersdorf im Rücken gehen wir links weiter. Kurze Zeit später erreichen wir nahe eines Zauns einen kleinen Findling, der mit verschiedenen Markierungen versehen ist, unter anderem mit einer gelben großen Blüte. Wir biegen rechts ab. (2) Gelegentlich finden wir die Blütenmarkierung am Weg wieder. Er verläuft durch einen Mischwald. Wir erreichen zwei Teiche, nachdem wir einen Torbogen im Wald unterquert haben, auf dem geschrieben steht: „Liesbeth eern Diek“. Der Platz bietet sich mit seinen Ruhebänken zu einer Pause an.

Teich – ④ Kanalbrücke Grünental, 50 Minuten Gehzeit, 3300 Meter

Wir gehen links um die Teiche herum und folgen dem Radweg nach links. Kurze Zeit später verlassen wir den Radweg und folgen dem Wegweiser „Grünental“ nach links. Wir erreichen ein Wege-T am Ende des Waldes und folgen der Ausschilderung „Grünental“ und „Wennbüttel“ nach rechts. Der Weg ist befestigt. 15 Minuten nach Verlassen der Teiche erreichen wir die Bahnlinie, die wir schon kurz vorher am Wege-T links gesehen haben. Bald darauf ist die Brücke Grünental wieder zu sehen. Wir ignorieren die Ausschilderung „gelbe Blüte/Hochbrücke Grünental“, die geradeaus weiterführt und überqueren den Bahnübergang nach links in Richtung „Wennbüttel/Fähre Fischerhütte“. Fünf Minuten später erreichen wir eine Schleswag-Gasstation und gehen rechts in einen Plattenweg hinein. ③ Zehn Minuten später überqueren wir die alte Bahnbrücke über die Gieselau. Wir sind ein Stück auf dem alten Bahndamm gegangen, der vor dem Bau des Kanals hier entlang führte. Wir gehen weiter auf dem Plattenweg Richtung Grünental. Der Plattenweg endet abrupt und geht über in einen unbefestigten Sandweg nach links. Wir sind an der Kanalbrücke angekommen und steigen zur Aussichtsplattform hinauf. Von hier aus lassen sich gut die Schiffe auf dem Kanal beobachten.

④ Kanalbrücke – ⑤ Gieselau, 35 Minuten Gehzeit, 2500 Meter

Wir gehen parallel zur Straße die Rampe hinunter. Wir unterqueren die Fahrstraße und folgen dem Fuß- und Radweg Richtung Albersdorf-Wennbüttel. (Abstecher: Links liegt das Gasthaus an der Hochbrücke, Einkehrmöglichkeit). Das weiße Andreaskreuz und das gelbe Dreieck begleiten jetzt unseren Weg. Wir halten uns kurz wieder rechts auf die Brücke zu. Nach wenigen Metern sind wir wieder am Bahndamm. Der Weg ist als Reitweg nach Albersdorf ausgeschildert. Wir sehen wieder das weiße Andreaskreuz. Unten links fließt die Gieselau.
20 Minuten nach Aufbruch von der Hochbrücke oder dem

Gasthaus kommen wir kurz darauf wieder links am Bahnübergang vorbei, den wir zuvor auf dem Hinweg überquert haben. Bald danach, hinter den Häusern des alten Landwegs, nehmen wir am Ende eines Zauns einen Weg nach links in den Wald. Bevor wir am Waldrand die Gieselau erreichen, nehmen wir einen Trampelpfad nach rechts. Wir kommen bei einem Wegweiser zum Wanderweg Gieselautal und halten uns links. Kurz darauf überqueren wir über einen Steg die Gieselau an der Fallohfurt.

5 Gieselau – 1 Ausgangspunkt, 50 Minuten Gehzeit, 3000 Meter

Wir folgen dem Wanderweg am Waldrand entlang. Der Weg überquert erneut die Gieselau. Am Ende des Wanderweges nähern wir uns dem breiten Fahrweg, der direkt nach Albersdorf hineinführt. Wir erreichen eine Stelle, die geradeaus mit Bredenhoopweg ausgeschildert ist. Wir gehen jedoch links in den Horstenmoorweg. Bald passieren wir eines der großen Langbetten. Wir ignorieren zunächst die Ausschilderung zum Steinzeitdorf (AÖZA = Archäologisch-ökologisches Zentrum Albersdorf). Wir biegen in eine freie Fläche nach rechts ein, die wieder mit AÖZA Steinzeitdorf ausgeschildert ist und passieren ein kleines Gatter. 6 Wir gehen durch das weitläufige Gelände des AÖZA mit seinen Hügel- und Steingräbern sowie den weißen englischen Parkrindern und erreichen nach 35 Minuten Gehzeit das Steinzeitdorf. Besichtigung möglich (gebührenpflichtig). Nach dem Verlassen des Steinzeitdorfes gehen wir nach links, folgen der Ausschilderung Andreaskreuz/gelbe Dreiecke und gehen, der Straße folgend, nach Albersdorf hinein. 15 Minuten später erreichen wir den Bahnhof.

Von der Aussichtsplattform Grünental bieten sich eindrucksvolle Blicke auf den Kanal.

24. Dithmarscher Steilküste

Wanderweg auf dem Klev bei St. Michaelisdonn. Die alten Dünen sind zuweilen sehr steil.

Die alte Steilküste Westholsteins liegt heute weit im Landesinneren. Vor 7000 Jahren schlugen die Nordseewellen noch direkt auf die als Klev (Kliff) bezeichnete Geestkante. Später begann eine gezielte Landgewinnung im Vorland, der heutigen Marsch. Die Steilküste ist mittlerweile weitgehend aufgeforstet, hat aber an vielen Stellen ihren urtümlichen Charakter bewahrt. Die Wanderung folgt einem langen Stück dieser Küste.

Charakter der Tour: Streckenwanderung zwischen Burg und St. Michaelisdonn (Ausgangspunkt). Die Hinfahrt erfolgt mit der Bahn vom Bahnhof St. Michaelisdonn zum Bahnhof Burg. Die Bahn verkehrt bis in den Abend hinein im Stundentakt. Man erkundige sich über die genauen Abfahrtzeiten unter www.db.de. Die Wanderung folgt in weiten Teilen dem Verlauf des Klevs. Sie hat kurze, aber zuweilen steile An- und Abstiege. ● **Beste Jahreszeit:** im Frühling oder Herbst, wenn die Bäume nicht belaubt sind und den Blick weit ins Flachland freigeben ● **Reine Gehzeit:** 4,5 Stunden ● **Streckenlänge:** 15,8 Kilometer ● **Markierung:** zeitweise weißes oder schwarzes x, „5“, „6“. Orientierung nicht immer einfach ● **Einkehren:** Schatulle in Kuden, Fliegerklause am Flugplatz Hopen ● **Karten:** Topographische Landkarten Nr. 1921, 2021, 2020, 1:25 000 oder L 1920, L 2120, 1:50 000 ● **Ausgangspunkt** ist der Bahnhof in St. Michaelisdonn. Die Fahrkartenautomaten befinden sich links vor der Gleisunterquerung. Wir betreten den Bahnsteig Richtung Hamburg. Der nächste Zug bringt uns in wenigen Minuten nach Burg.

① Bahnhof Burg – Aussichtsturm, 20 Minuten Gehzeit, 1100 Meter

Den Bahnhof im Rücken gehen wir nach rechts. In der Bahnhofstraße geht es nach links. Neben dem Gasthof „Am Kamin" gehen wir rechts in einen Weg, der durch ein Hinweisschild „Waldmuseum" und „Parkplatz" gekennzeichnet ist. Ein breiter Sandweg führt unter hohen Bäumen hindurch immer geradeaus. An einer Wegekreuzung gehen wir geradeaus. Der Weg steigt zunächst an. Danach geht es leicht bergab. Der Weg führt durch Mischwald. Am Wegesrand stehen einige Ruhebänke. In einer Kurve nehmen wir nicht den abwärtsführenden Pfad, sondern folgen dem Weg mit dem Hinweisschild „Waldlehrpfad" nach links. Über einen Spielplatz erreichen wir das Waldmuseum Burg. Dort befindet sich ein Aussichtsturm. Geöffnet: Anfang April bis Ende Oktober, dienstags bis sonntags. Montags geschlossen. 10 bis 12 Uhr, 14 bis 17 Uhr. Gebührenpflichtig.

② Aussichtsturm – Paradiesquellental, 35 Minuten Gehzeit, 2000 Meter

Wir gehen wieder Richtung Ortschaft Burg. Rechts liegt ein Pflegeheim. An der Straße wenden wir uns nach links. Nach etwa 100 Metern geht es rechts ab, unmittelbar vor einem Haus mit der Aufschrift Süßmosterei, Getränkehandel. Wir folgen dem Pfad durch bebautes Gebiet. Links ein kleiner Kreisverkehr im Wohngebiet. Wir durchqueren eine parkähnliche Anlage mit einem kleinen Gewässer, Ruhebänken und Spielplatzgeräten. Wir gehen in einem Hohlweg zwischen baumbestandenen Erdwällen (Knicks). Links befinden sich Häuser. Wir erreichen die Straße Burg – Buchholz.

Wir gehen links nach Burg hinein. Am Ortseingang befinden sich zwei Bushaltestellen. Bei der auf der rechten Seite gelegenen biegen wir nach rechts ab in einen Pfad, dem wir an einer eingezäunten Wiese entlang folgen. Am Waldrand gehen wir nicht nach halblinks, sondern biegen rechts ab, absteigend in den Wald hinein. Wir folgen dem Hauptweg, rechts fließt ein kleines Bächlein, das aus zwei Teichen gespeist wird. An der Hauptkreuzung kurz darauf gehen wir nach rechts. An der nächsten Verzweigung, im Paradiesquellental, sehen wir vor uns ein Anwesen, das zu einem Café umgebaut werden soll.

UTM-Wegepunkte:

1	32 U	05 16 391	59 84 428
2		05 16 012	59 83 773
3		05 16 389	59 82 233
4		05 16 241	59 81 946
5		05 15 349	59 80 937
6		05 09 609	59 81 039
7		05 07 636	59 82 444

Paradiesquellental – Gehöftegruppe Unterm Cleve, 25 Minuten Gehzeit, 1700 Meter

Wir betreten jedoch nicht die Hofeinfahrt, sondern nehmen den Fußweg rechts. Uns begegnen wieder das weiße Andreaskreuz sowie die Markierung „5". Nach ca. 150 Metern zweigt im Wald ein Weg nach links ab, der wieder mit dem weißen Andreaskreuz markiert ist. Kurz darauf geht es wieder links ab. (Markierung x und „6"). Nach etwa 200 Metern sehen wir an einem Baum die Markierung „6". (3) Wir steigen rechts hinauf zum Waldrand. Wir folgen dem Pfad eine Weile teils am Waldsaum, teils im Wald entlang und kommen nach rechts in einen Hohlweg. Nach wenigen Metern kommen wir an der linken Seite zu einem Baum mit Kette und Schranke. (4) Wir biegen scharf links ab und folgen dem Knick entlang wieder in Richtung einer Fahrstraße. Am Ende eines Feldes schwenken wir an einem Knick rechts ab. Unten sehen wir die Fahrstraße. Wir begleiten sie oben auf dem Klev auf einem Waldpfad.

Links unten an der Fahrstraße sehen wir eine breite Wegegabelung. Wir steigen die Geestkante hinab und halten uns auf einem befestigten Weg rechts. Wir nehmen die erste Möglichkeit, die nach links von dem Asphaltweg wegführt.

Unten ein Schild „Füttern verboten". Wir folgen dem Weg an einer Pferdekoppel entlang. Wir erreichen ein Wege-T, rechts ein Baum mit einer roten 5, links einer mit zwei Markierungen „x". Wir halten uns links. Der Weg ist bald darauf befestigt, wir passieren die ersten Häuser und sehen schließlich rechts das Ortsschild „Buchholz".
Vor uns ein Schild: Sackgasse. Wir gehen nach links, Markierung x, Hinweisschild Torfablagerung, nebst Quelle. Wir kommen erneut an eine Verzweigung. Dort stehen mehrere Bauernhäuser, scharf links zeigt ein Schild die Straße nach „Buchholzer Moor" an. Diesem Weg folgen wir nicht. Wir gehen rechts. Auf der linken Seite des Weges steht eine kleine Markierung, auf der ein Reiher zu sehen ist. Jetzt biegen wir links, wieder bei einem Gehöft, in einen Weg ab. Weit rechts sehen wir ein Straßenschild: Unterm Cleve.

5 Gehöftegruppe Unterm Cleve – Aussichtsplattform in Kuden, 45 Minuten Gehzeit, 3000 Meter

Wir folgen der x-Markierung. Wir wandern jetzt unterhalb der Klevkante, die hier sehr zerklüftet und baumbestanden ist. Weit vor uns links ist die Straßenbrücke über den Nord-Ostsee-Kanal bei Brunsbüttel zu sehen. Gelegentlich sehen wir links die Aufbauten von Schiffen, die auf dem Nord-Ostsee-Kanal fahren. Wir erreichen eine befestigte Querstraße. Dort steht eine auffällig große Eiche, die mit einem Metallring umgürtet ist. Wir überqueren die Straße und folgen dem unteren Rand des Klevhangs. Wir passieren die Gewächshäuser einer Gärtnerei und erreichen kurz darauf Kuden. 200 Meter später muss man aufpassen, dass man den Abzweig zur Aussichtsplattform nicht verpasst. Auf der linken Seite steht etwas zurückgesetzt ein Schild mit der Aufschrift „Blankenese". Rechts führt eine in den Klev eingelassene Treppe steil hinauf zur Plattform. Dort schöner Blick nach Süden zum Kudensee.

Aussichtsplattform – 6 Flugplatz Hopen, 1 Stunde, 10 Minuten Gehzeit, 3800 Meter

Wir gehen weiter auf einem schmalen Weg Richtung Ortsmitte. Zwischen kleinen Reetdachhäusern hindurch. Wir überqueren die Straße, erreichen die alte Schule, schlagen den Weg halblinks ein. Wir gehen links am Feuerwehrgerätehaus vorbei, das durch eine große Antenne zu erkennen ist. Wir erreichen eine Wegegabelung. Rechts ist es nach Kuden-Nord ausgeschildert. Diesen Weg nehmen wir nicht. Wir überqueren die Straße, gehen Richtung Stallhof.

Wir passieren einen Bauernhof. Links steht ein großer Findling. Am Haus der Kahnschiffergesellschaft (großer Anker), „Schatulle“ Einkehrmöglichkeit, halten wir uns links und kommen zur Königstraße. In dieser folgen wir dem Schild mit der Aufschrift Flugplatz.
Am Ortsausgang Kuden sehen wir wieder die x-Markierung. Wir folgen der Asphaltstraße, kümmern uns nicht um einen Abzweig mit einem Findling, Aufschrift: Wanderweg Kuden 1989. Die Asphaltstraße geht in einen Plattenweg über. Wir gehen jetzt durch eine leicht wellige Hochebene, die von Knicks gesäumt ist. Links fällt das Gelände leicht ab. Weit draußen in der Marsch ist der Kirchturm von Eddelak zu sehen. An einem Querweg folgen wir links dem Wegweiser „Flugplatz“. Kurz danach passieren wir eine Sitzgruppe und folgen der Ausschilderung Flugplatz nach rechts. Kurz vor dem Flugplatz Hopen biegen wir links ab, Richtung Fliegerklause, Einkehrmöglichkeit. Geöffnet ab 12 Uhr, außer Dienstag.

(6) Flugplatz Hopen – (7) Ausgangspunkt, 1 Stunde, 15 Minuten, 4200 Meter

Am Tower vorbei folgen wir dem Pfad am Flugplatz entlang, immer links vom Zaun. Wir erreichen eine Sitzgruppe am Ende des Flugfeldes. Weiter geht es am Flugfeld entlang. Immer wieder schöne weite Ausblicke in die Marsch. Wir passieren einen kleinen Eichenwald. Links fällt der Klevhang steil ab. Wir erreichen den Bismarckstein. Vor der Eisenbahnbrücke mit blauem Geländer machen wir scharf links kehrt und gehen abwärts. Unten an der Klevkante folgen wir dem Weg nach rechts in die Marsch auf eine Baumreihe zu. Dort begegnen wir wieder dem weißem x nach rechts. Links liegt ein Hundeübungsplatz.
Bald darauf passieren wir das Ortsschild von St. Michaelisdonn. Wir überqueren die Bahnlinie bei der ersten Möglichkeit nach rechts und folgen dem Weg. Wir überqueren, uns links haltend, erneut die Gleise über einen beschrankten Bahnübergang, rechts ist schon der Bahnsteig zu sehen. Wir biegen rechts ab, folgen einem Schild für Radfahrer (Richtung Meldorf) und erreichen den Bahnhof St. Michaelisdonn.

25. Lägerdorf

Gewaltige Tagebauten beherrschen das Gebiet rings um Lägerdorf.

Die Wanderung führt durch eine der bizarrsten Landschaften Schleswig-Holsteins. Rings um Lägerdorf liegen riesige Tagebau-Bergwerke, in denen Kreide abgebaut wird. Dazwischen erstrecken sich Feuchtgebiete, die der Umgebung einen urtümlichen Anstrich verleihen.

Charakter der Tour: Rundwanderung am Rande des Lägerdorfer Tagebaus, weitgehend auf unbefestigten Wegen • **Beste Jahreszeit:** November bis April, wenn die Vegetation ruht und der Blick ungehindert von Gesträuch und Blättern in den Tagebau fällt • **Reine Gehzeit:** 2 Stunden, 30 Minuten • **Streckenlänge:** 11,6 km • **Markierung:** weitgehend ohne • **Einkehren:** Gaststätte Deutsches Haus in Lägerdorf • **Karten:** Topographische Landkarte Nr. 2123 1 : 25 000 oder L 2122, 1 : 50 000 • **Ausgangspunkt:** Ein kleiner Wanderparkplatz am Rande des Feuchtgebiets Nord von Rethwisch, auf der Rückseite der Zementfabrik, kurz vor der Parkplatz-Einfahrt für Lkw. Man erreicht ihn über die Autobahnabfahrt Lägerdorf der A 23, fährt zunächst ganz am Kreidewerk vorbei, dann links Richtung Itzehoe und erst hinter der Zementfabrik bei der Feuerwehrzufahrt nach rechts auf den nicht ausgeschilderten Parkplatz.

① Ausgangspunkt – ② Grube Heidestraße, 45 Minuten Gehzeit, 3200 Meter

Den Parkplatz im Rücken gehen wir zur Straße und dort rechts. 200 Meter weiter überqueren wir die Fahrstraße in die Straße Moorburg hinein. Nach 500 Metern erreichen wir eine Querstraße und gehen nach links in Richtung Kreidewerk. Bald bieten sich atemberaubende Blicke nach rechts hinunter in den Tagebau. Wir passieren das Kreidewerk und biegen hinter einigen Silotürmen nach rechts ab, noch bevor wir die Hauptfahrstraße erreichen. Wir gehen weiter, das Kreidewerk rechts von uns. Wir umrunden die Kreidegruben, immer der Ausschilderung Holcim, Grube Heidestraße, folgend. Wir kommen an das Tor der Grube Heidestraße.

② Grube Heidestraße – ③ Breitenburger Kanal, 62 Minuten Gehzeit, 4500 Meter

Wir wenden uns nach links und verlassen den Fußgängerweg. Kurz darauf erreichen wir einen großen Erdwall und gehen nach rechts, den Erdwall die nächsten Minuten immer rechter Hand. Links verläuft die Autobahn. Wir erreichen einen Bahnübergang und folgen einem schmalen Pfad rechts der Gleise Richtung Kirchturm Lägerdorf. Zehn Minuten später passieren wir einen ersten Fußgängerübergang über die Bahn, lassen diesen jedoch links liegen und gehen auf dem Pfad, jetzt leicht ansteigend, weiter. Nach weiteren zehn Minuten haben wir den Tagebau komplett umrundet und überqueren die Bahnlinie über den Fußgängerübergang zu unserer Linken. Wir gehen geradeaus in die Straße Heidestraße nach Lägerdorf hinein. Kurz darauf, an der nächsten Kreuzung, können wir einen Abstecher nach rechts in die Rosenstraße machen. An deren Ende – Kreuzung – liegt links das Restaurant Deutsches Haus, das sich zum Einkehren anbietet. Wer den kleinen Umweg nicht machen möchte, kann sich kurz darauf in der Norderstraße an einem Imbiss oder beim Bäcker beköstigen. An der nächsten Kreuzung gehen wir geradeaus auf einen Wasserturm zu. An der Breitenburger Straße gehen wir links. Wir verlassen den Ort rechts neben der Fahrstraße nach Itzehoe auf dem Fuß- und Radweg. Nach 500 Metern kommen wir an eine Brücke über den Breitenburger Kanal. Wir überqueren sie und gehen anschließend nach rechts hinab zum Kanalufer. Vor uns liegt ein weiterer Tagebau.

③ Breitenburger Kanal – ① Ausgangspunkt, 60 Minuten Gehzeit, 3900 Meter

UTM-Wegepunkte:

①	32 U	05 38 633	59 70 172
②		05 37 034	59 69 934
③		05 38 085	59 72 215

Wir folgen immer dem Kanal, der rechts von uns verläuft. Immer wieder bieten sich Abstecher nach links an, um in den Tagebau hinunter zu blicken. Der Kanal knickt nach rechts ab, der Hauptweg geht geradeaus weiter. Wir wechseln auf einen schmalen Pfad direkt am Kanalufer nach rechts. Er ist mit einem x markiert. Der Hauptkanal zweigt nach rechts ab, ein Stichkanal geht geradeaus weiter. Vor uns liegt eine Brücke. Wir überqueren den Stichkanal über diese Brücke nach rechts. Wir gehen weiter auf dem schmalen Pfad links neben dem Kanal und erreichen eine halbe Stunde später unseren Ausgangspunkt.

Blick in einen stillgelegten Tagebau.

26. Mönkloh

Diese Wanderung verläuft größtenteils auf dem Rücken einer Endmoräne mit teilweise weiten Ausblicken. Sie führt aber auch durch Wald. Unterwegs treffen wir auf einen Waldlehrpfad und die kleinste katholische Kapelle Schleswig-Holsteins. In Bokel gibt es eine Bademöglichkeit. Das Restaurant Bokel Mühle mit seiner Seeterrasse ist für seine Karpfenspezialitäten bekannt.

Die kleine Kapelle im Wald bei Mönkloh.

Charakter der Tour: Rundwanderung, weitgehend auf befestigten Wegen • **Beste Jahreszeit:** ganzjährig • **Reine Gehzeit:** 2 Stunden, 40 Minuten • **Streckenlänge:** 13,2 Kilometer • **Markierung:** keine • **Einkehren:** Seepavillon mit Terrasse und Bokel Mühle in Bokel • **Karten:** Topographische Landkarte Nr. 2124, 1 : 25 000 oder L 2124, 1 : 50 000 • **Ausgangspunkt** ist die Ortsmitte von Mönkloh, Parkplatz gegenüber dem Dorfhaus.

① Ausgangspunkt – ② Kreuzung Reitweg, 27 Minuten Gehzeit, 2500 Meter

An der Kreuzung Wrist-Bokel-Bad-Bramstedt folgen wir zunächst kurz der Straße Richtung Wrist. Dann gehen wir nach links ab in den Wiesenweg. Nach 13 Minuten erreichen wir eine Wegekreuzung, die nach links als Waldlehrpfad/Radweg markiert ist. Der Weg nach links ist nicht asphaltiert. Wir gehen nach links in den Wald und kommen nach fünf Minuten an eine Wegegabel, auf der ein großer Baum steht. Wir gehen geradeaus weiter und befinden uns auf einem Waldlehrpfad. Wir erreichen einen Grillplatz mit kleinem Gewässer. Den Grillplatz im Rücken halten wir uns rechts. Zehn Minuten später kommen wir an eine Kreuzung mit einem Reitweg,

② Kreuzung – Mühlenteich Bokel, 57 Minuten Gehzeit, 4000 Meter

Die Kreuzung ist Teil eines Fahrweges, der zwar nicht befestigt ist, auf dem aber Autos fahren. 20 Minuten später kommen wir aus dem Wald heraus und gehen auf einer schnurgeraden Asphaltstraße geradeaus. Bei klarer Sicht sieht man weit rechts die Anlagen der Zementfabrik Lägerdorf. 15 Minuten später kommen wir an eine Kreuzung. Ein unbefestigter Weg führt nach rechts, ein Spurplatten-weg nach links. Wir gehen nach links. Die erste Kreuzung auf diesem Weg passieren wir fünf Minuten später geradeaus.

An der zweiten Kreuzung ③ auf diesem Weg gehen wir weitere fünf Minuten später nach rechts in Richtung des Ortes Bokel. Der Weg ist ein Teerweg. Nach zehn Minuten gehen wir in Bokel an der Kreuzung Zum Felde/Bergstraße links. Sieben Minuten später kommen wir zum Mühlenteich mit den Lokalen Seepavillon und Bokel Mühle.

UTM-Wegepunkte:

①	32 U	05 51 713	59 71 546
②		05 50 407	59 70 568
③		05 49 347	59 68 758
④		05 49 374	59 68 115
⑤		05 50 868	59 69 224

Mühlenteich – (5) Spitzkehre, 40 Minuten Gehzeit, 2800 Meter

Wir gehen auf einem kleinen Pfad vor dem Pavillon am Teichufer entlang in Richtung Freibad. Wir passieren das Naturfreibad (Kiosk). Am Ende des Bades überqueren wir die Fahrstraße nach links und gehen ein kurzes Stück auf einem Rad-/Fußweg parallel zur Straße. Wir nehmen den ersten nach links abzweigenden Weg, einen baumbestandenen Feldweg. (4) Der Feldweg endet an einem asphaltierten Querweg, auf dem wir schon kurz auf dem Hinweg gegangen sind. Wir gehen nach rechts. An der Wegekreuzung (3) gehen wir diesmal geradeaus in den Spurplattenweg. Zwei Feldwege zweigen später nach links ab, wir gehen geradeaus. Der Spurplattenweg geht geradeaus in einen Feldweg über. Wir verlassen den Spurplattenweg nach links in einen Feldweg, der in spitzem Winkel abknickt.

(5) Spitzkehre – Ausgangspunkt, 35 Minuten Gehzeit, 3900 Meter

Man kann nicht nach rechts in den Wald gehen. Die Wege sind gesperrt. Zehn Minuten später erreichen wir die erste Stelle, an der man nach rechts gehen kann. Wir gehen nach rechts und passieren nach fünf Minuten die erste Kreuzung von Waldwegen geradeaus. 20 Minuten später knickt der breite Waldweg nach links ab. Ein schmaler Weg führt geradeaus weiter. Wir folgen dem Fahrweg nach links. Wir kommen aus dem Wald heraus auf das ehemalige Forsthaus zu. Links ist die Straße nach Bokel ausgeschildert (Parkplätze). Wir gehen nach rechts und erreichen nach 120 Metern rechts die kleinste katholische Kapelle Schleswig-Holsteins. Sie ist von Jürgen Frese, einem Einwohner Mönklohs, 2001 errichtet worden. Der begeisterte Bayern-Urlauber hatte sich dort von den zahlreichen Kapellen inspirieren lassen. Bald danach kommen wir zum Ortsschild Mönkloh. In Mönkloh halten wir uns links und erreichen nach wenigen 100 Metern den Parkplatz am Dorfhaus.

27. Flügge

Ein beliebtes Ausflugsziel ist der kleine Hafen in Orth mit seinen vielen bunten Schiffen.

Strandwanderung auf der Insel Fehmarn: Besucht werden der malerische Hafen von Orth, der Leuchtturm Flügge und der Sandstrand bei Flügge mit seinen Bademöglichkeiten.

Charakter der Tour: Rundwanderung, überwiegend auf unbefestigten Wegen. Am Strand von Flügge gibt es ein Hundeverbot. ● **Beste Jahreszeit:** ganzjährig ● **Reine Gehzeit:** 1 Stunde, 40 Minuten ● **Streckenlänge:** 8 Kilometer ● **Markierung:** örtlich ● **Einkehren:** Am Hafen von Orth, am Strand von Flügge (Campingplatz) ● **Karten:** Topographische Landkarte Nr. 1532, 1:25 000 oder L 1532, 1:50 000 ● **Ausgangspunkt** ist der Hafen von Orth. Falls dieser zugeparkt ist, muss man auf den gebührenpflichtigen Parkplatz am Ortseingang ausweichen.

① Hafen Orth – ② Strand in Flügge, 42 Minuten Gehzeit, 3300 Meter

Mit dem Rücken zum Hafenbecken Orth gehen wir nach links auf den Deich Richtung Leuchtturm Flügge, der im Hintergrund bereits zu erkennen ist. Nach 15 Minuten verlässt man den Deich nach rechts, geht durch ein kleines Gatter und folgt dem Wanderweg geradeaus Richtung Leuchtturm. Wir erreichen das Ende einer Asphaltstraße und gehen nach links, jetzt wieder oben auf dem Deich. Wir erreichen eine weitere Asphaltstraße und gehen auf ihr nach

rechts, vom Leuchtturm weg. Bald sind wir im Ort Flügge. Man geht nach links, zwischen den Campingplätzen hindurch (Einkehrmöglichkeit) und geht zum Strand. Dort gehen wir nach links.

UTM-Wegepunkte:

①	32 U	06 32 843	60 35 310
②		06 30 073	60 35 663
③		06 30 650	60 34 334

② Strand Flügge – ③ Leuchtturm Flügge, 30 Minuten Gehzeit, 1900 Meter

Wir gehen auf dem Sandstrand. Er bietet sich als Bademöglichkeit an. Auf Höhe des Leuchtturms gehen wir links zum Leuchtturm.

③ Leuchtturm – ① Hafen Orth, 30 Minuten Gehzeit, 2100 Meter

Öffnungszeiten des Leuchtturms in der Saison 10 – 17 Uhr. Gebührenpflichtig. Montags Ruhetag. Anschließend folgt man dem Asphaltweg geradeaus und kann kurz darauf auf einen parallel laufenden Grasweg wechseln. Man erreicht wieder den Deich und geht diesmal nach rechts, auf den Weg, auf dem wir auf dem Hinweg gekommen sind. Wir erreichen wieder das Ende (den Beginn) des Asphaltweges und gehen nach rechts auf dem steinigen Pfad Richtung Wasser zurück zum Ausgangspunkt.

28. Staberhuk

Klare Luft und klares Wasser an der Südostspitze Fehmarns.

Reizvolle Seewanderung am Südostzipfel Fehmarns. Sie erschließt sowohl die Steilküste als auch den Sandstrand. Der Weg ist gelegentlich durch Knicks unterbrochen. Bademöglichkeit.

Charakter der Tour: Rundwanderung, meist auf unbefestigten Wegen • **Beste Jahreszeit:** ganzjährig möglich, jedoch kein Schatten • **Reine Gehzeit:** 2 Stunden, 21 Minuten • **Streckenlänge:** 10,5 Kilometer • **Markierung:** keine • **Einkehren:** Lokal in Staberdorf. • **Karten:** Topographische Karte Nr. 1533, 1 : 25 000 oder L 1532, 1 : 50 000 • **Ausgangspunkt:** Staberdorf. Aus Burg kommend mitten im Ort hinter dem Dorfteich. Beim Kriegerdenkmal rechts ist ein Parkplatz vor dem Ferienhof Paulsen.

① Ausgangspunkt – ② Leuchtturm Staberhuk, 63 Minuten Gehzeit, 4900 Meter

Wir gehen nach links am Teich vorbei in den Ort hinein. Kurz darauf, in der Kurve bei der Bushaltestelle (rechts Gasthaus), gehen wir geradeaus in die Straße „An Hinrichsbarg“. Kurz danach verlassen wir auf einem befestigten Feldweg den Ort. Wir passieren am Ortsausgang einen Findling mit der Aufschrift „Mat. Lafrenz Straße“ mit einem Pfeil nach links, dem wir folgen. Nach 30 Minuten erreichen wir den Ostseestrand (Bademöglichkeit) über

UTM-Wegepunkte:

1	32 U	06 47 536	60 32 137
2		06 50 061	60 30 733
3		06 46 742	60 31 527

einen Durchlass in der Steilküste und gehen nach rechts auf den Fernmeldeturm zu. 13 Minuten später, am Ende der Funkstation, halten wir uns vom Strand weg nach rechts, steigen auf die Kliffkante hinauf und gehen auf ihr in der Hauptrichtung weiter. Vor uns befindet sich ein Parkplatz mit Toilettenhäuschen. Nach weiteren 20 Minuten erreichen wir Staberhuk.

(2) Staberhuk – (3) Feriensiedlung Staberdorf, 58 Minuten Gehzeit, 4100 Meter

Der Weg führt wieder auf den Strand. Wir gehen nach unten und folgen dem Weg auf dem Strand weiter. Rechts neben uns liegt der Leuchtturm. Ein paar Schritte geradeaus befinden sich Ruhebänke. Wir gehen jedoch nach oben, rechts am Leuchtturm vorbei. Auf der Rückseite des Leuchtturms überqueren wir die Zufahrtsstraße und wandern auf dem schmalen Pfad neben den Feldern geradeaus weiter. Bald sieht man rechts die Häuser des Gutes Staberdorf. Auf Höhe des Gutes kommen wir an einen querverlaufenden Knick (Erdwall) mit einem Graben, den man nicht problemlos überqueren kann. Wir gehen nach rechts bis zum Ende des Grabens und dann auf der anderen Seite nach links zum Weg zurück. Beim nächsten Knick erreichen wir kurz den Strand, bleiben aber oben auf dem Weg auf der Steilküste.

Wir erreichen die Feriensiedlung Staberdorf mit dem ersten Gebäude und nehmen den Pfad, der nach rechts vom Strand wegführt. Wir gehen rechts weiter, die Ferienwohnblocks links liegend lassend, auf die Fahrstraße zu. An der Fahrstraße gehen wir rechts. Kurz danach passieren wir das Ortsschild von Staberdorf, gehen geradeaus weiter und dann kurz darauf links in den Ort hinein zum Ausgangspunkt zurück.

Besonders im Frühherbst ist das Licht auf Fehmarn sehr intensiv.

29. Kieler Förde

Über viele Kilometer verläuft der Wanderweg direkt am Rand der Kieler Förde entlang.

Zwei bedeutende Ehrenmale, das Marine-Ehrenmal und das U-Boot-Ehrenmal, liegen am östlichen Fördeufer. Der Fördewanderweg verbindet beide. Die Tour bietet schöne Ausblicke auf die Förde mit ihrem Schiffsverkehr sowie die Stadt Kiel. Eine Fahrt mit einem Schiff auf der Förde-Fährlinie erschließt darüber hinaus beide Ufer. Während der Wanderung gibt es etliche Bademöglichkeiten.

Charakter der Tour: Einfache Streckenwanderung mit Fahrt über die Kieler Förde. Informationen zur Schiffspassage unter www.sfk-kiel.de oder www.kiel.de, Fahrplan, Fördelinie. Telefon: (04 31) 5 94 12 63. Die Tour führt kurz hinter Laboe durch ein militärisches Sperrgebiet. Zu bestimmten Zeiten ist der Fördewanderweg daher geschlossen. Am Eingang zum Sperrgebiet informiert eine elektronische Tafel über die Sperrzeiten. Telefonische Auskunft über die Sperrzeiten unter (04 31) 3 84 72 00. Da der Fördewanderweg auch ein beliebtes Ausflugsziel ist, wird er an den Wochenenden und in der Hauptsaison stark frequentiert. Im Winter verkehren die Fähren nur sehr eingeschränkt und fahren nicht alle Anlegestellen an. • **Beste Jahreszeit:** Ende März bis Ende Oktober • **Reine Gehzeit:** 2 Stunden, 15 Minuten • **Streckenlänge:** 10,8 km • **Markierung:** Fördewanderweg • **Einkehren:** auf dem Schiff, Lokale in Möltenort, Mönkeberg, Kitzeberg und Laboe •

Karten: Topographische Landkarten Nr. 1627, 1527, 1 : 25 000 oder L 1526, L 1726 1 : 50 000

UTM-Wegepunkte:

①	32 U 05 76 557	60 23 173
②	05 79 747	60 30 025
③	05 77 613	60 26 302

● **Ausgangspunkt** ist der Parkplatz am Fähranleger Mönkeberg, am Ende der Stubenrauchstraße in Kitzeberg. Man erreicht ihn von der Heikendorfer Landstraße über die Straße Gänsekrugredder.

① Ausgangspunkt – ② Marineehrenmal Laboe, 30 Minuten Schiffspassage, 20 Minuten Gehzeit, 1500 Meter

Vom Parkplatz gehen wir rechts zum Ufer der Förde und kommen dort zum Anleger der Förde-Fährlinie. Fahrkarten gibt es am Schalter oder auf dem Schiff. Das Schiff fährt über Möltenort und wechselt anschließend auf das westliche Fördeufer nach Friedrichsort. Wir verlassen das Schiff am Anleger Laboe und gehen nach links auf der Strandpromenade, Richtung Marineehrenmal, das wir nach 20 Minuten erreichen. Eine Besichtigung des Ehrenmals und des U-Bootes sind empfehlenswert. Öffnungszeiten: 9.30 – 18 Uhr.

② Ehrenmal – ③ Anleger Möltenort, 1 Stunde, 25 Minuten Gehzeit, 6100 Meter

Wir gehen auf dem gleichen Weg zurück, Richtung Anleger Laboe. Am Museumssteg des Jachthafens Laboe gehen wir links, anschließend in der Hafenstraße nach rechts. Am Ende eines Ärztehauses gehen wir nach links auf dem ausgeschilderten Fördewanderweg. Wir passieren die letzten Ausläufer einer Werft und einen weiteren Jachthafen. Wir wandern durch ein militärisches Gebiet. Unterwegs überquert man eine Brücke. Wir passieren den Campingplatz Möltenort. 300 Meter hinter dem Campingplatz gibt es eine Liegewiese mit Picknick-Möglichkeit. Der Wanderweg knickt nach rechts ab und führt jetzt unmittelbar an der Förde entlang. Neben dem Wanderweg befinden sich weitere Liegewiesen und ein Sandstrand mit Kiosk. Er ist erst dort, wo die Strandkörbe stehen, gebührenpflichtig. Wir kommen zum U-Boot-Ehrenmal. Ein Rundgang ist lohnenswert. Danach erreichen wir wieder einen gebührenfreien Strand. Wir passieren den Anleger Möltenort.

③ Anleger Möltenort – ① Ausgangspunkt, 46 Minuten Gehzeit, 3600 Meter

Anschließend kommen wir am Segelhafen vorbei und gehen weiter am Fördeufer entlang. Kurz darauf passieren wir eine Seebadeanstalt. Nach 2800 Metern kommen wir am Anleger Kitzeberg vorbei (Restaurant) und erreichen 800 Meter später den Ausgangspunkt.

30. Panker

Der Herrensitz Panker liegt harmonisch eingebettet im Hügelland an der Ostsee.

Wanderung im ostholsteinischen Hügelland mit weiten Blicken über die Ostsee: Panker mit seinen Galerien, Antiquitäten und Reitställen ist eine lohnende Zwischenstation, ebenso der Aussichtsturm Hessenstein. Die Tour ist besonders reizvoll durch den Wechsel zwischen Wald und offenem Gelände.

Charakter der Tour: Rundwanderung, überwiegend auf unbefestigten Wegen ● **Beste Jahreszeit:** ganzjährig ● **Reine Gehzeit:** 2 Stunden, 10 Minuten ● **Streckenlänge:** 11,3 Kilometer ● **Markierung:** teilweise örtlich ● **Einkehren:** Gut Panker, Forsthaus Hessenstein, beides mit Bier- und Kaffeegarten ● **Karten:** Topographische Landkarte Nr. 1629, 1 : 25 000 oder L 1728, 1 : 50 000 ● **Ausgangspunkt** ist der Parkplatz in Darry an der Verbindungsstraße Lütjenburg – Panker, gegenüber einer Bushaltestelle in der Ortsmitte (Feuerwehrgerätehaus) in der Straße Sehden. Dort gibt es Parkbuchten.

(1) Darry – (2) Abzweig nach Stöfs, 25 Minuten Gehzeit, 2000 Meter

Wir überqueren die Hauptstraße und gehen links am Feuerwehrgerätehaus vorbei in die Dorfstraße hinein. Dort steht ein verwitterter Wegweiser nach Stöfs, 2,5 km. An der nächsten Wegegabel (große Bauminsel, Reetdachhaus) gehen wir rechts. Bei der nächsten Abzweigung gehen wir geradeaus aus dem Dorf hinaus. Kurz darauf passieren wir das Ortsschild von Darry, Richtung Stöfs, 3 km. Nach 540 m erreichen wir eine Wegegabelung und gehen nach links. An der nächsten Gabel folgen wir der Ausschilderung nach Stöfs. Wir erreichen eine auffällige Kreuzung mit Ausschilderung und gehen nach links, Richtung Panker, jetzt auf einem Spurplattenweg.

② Abzweig Stöfs – ③ Panker, 32 Minuten Gehzeit, 3800 Meter

Der Spurplattenweg wird zum Waldweg. Im Wald nehmen wir den ersten nach links, eine Senke hinabführenden, Weg. Kurz darauf erreichen wir ein Wege-T mit dem Hinweis „Rundwanderweg 11 km". Wir folgen diesem Weg nach links. Der Weg verläßt den Wald. Kurz darauf an einer Gabel gehen wir links und sehen gleich darauf, rechts blickend, ein Schild, das nach links weist: Panker 0,8 km. Einige Minuten später erreichen wir Panker. Am Parkplatz des Gutes gehen wir rechts.

③ Panker – ④ Hessenstein, 34 Minuten Gehzeit, 2200 Meter

In der Ortsmitte (Postamt) gehen wir links. Hier ist der Hessenstein ausgeschildert, unser nächstes Ziel. Rechts liegt das Hotel Ole Liese, Einkehrmöglichkeit. Man verlässt Panker auf dem Weg Richtung Hauptstraße und passiert das Schloß. Wir überqueren die Hauptstraße und biegen in den nicht befestigten breiten Weg ein, der Richtung Hessenstein ausgeschildert ist. Er verläuft zunächst parallel zur Hauptstraße, zweigt dann nach links ab. Sieben Minuten später knickt der breite Hauptweg deutlich nach links ab. Wir verlassen ihn nach rechts in einen Waldweg hinein und passieren eine Schranke. Wir erreichen eine Kreuzung von Waldwegen und gehen nach links weiter. Es sind bereits die Geräusche der Fahrstraße zu hören, die wir bald erreichen. Kurz vor der Fahrstraße gehen wir parallel im Wald nach rechts. Von rechts kommt ein Waldweg. Seit einigen Minuten haben wir, nach links blickend, auf dem Pilsberg den zinnenförmigen Aussichtsturm Hessenstein gesehen. Wir überqueren jetzt die Fahrstraße und gehen den breiten, unbefestigten Fahrweg zum Aussichtsturm hinauf. Am Hessenstein kann man im Forsthaus einkehren. Turmbesteigung: auf halber Höhe gebührenpflichtiges Drehkreuz.

④ Hessenstein – ① Darry, 41 Minuten Gehzeit, 3300 Meter

Die Rückseite des Turms im Rücken, das Forsthaus linker Hand, wandern wir auf einem schmalen Weg, der bald brei-

ter wird, am Waldsaum entlang. Wir nehmen einen nach rechts in den Wald abzweigenden Weg. Links auf dem Feld steht ein auffällig großer Baum. Wir beachten die Ausschilderung an dieser Stelle nicht. Am nächsten Querweg gehen wir kurz rechts und sofort wieder links, dem Weg leicht bergab folgend. Zehn Minuten später kommen wir an eine Verzweigung, von rechts kommt ein Weg. Ein verwittertes Hinweisschild nach rechts weist in Richtung Langbetten. Wir folgen dem Hauptweg nach links, der jetzt zu einem Spurplattenweg wird. (5) In der nächsten Kurve steht ein Hinweisschild zum Hessenstein, sowie nach Lütjenburg und Darry. Wir folgen dem Weg nach Darry. Rechts, etwas versteckt im Wald, liegt ein kleiner Teich. Wir gehen geradeaus auf dem Hauptweg, kommen bald aus dem Wald heraus und treffen auf einen Spurplattenweg. Nach links weist schon der Wegweiser nach Darry, 0.6 km. Kurz darauf, in einer Linkskurve, erreichen wir einen Picknickplatz. Rechts geht der Blick weit hinüber zum Bungsberg (Funktürme). Wir nehmen den als Fußweg gekennzeichneten Weg geradeaus auf die Häuser zu (nicht nach rechts durch das Gatter). Wir gehen in den Ort hinein und erreichen kurz darauf die Hauptstraße. Hier halten wir uns rechts. Nach 50 Metern sind wir am Ausgangspunkt.

UTM-Wegepunkte:

(1)	32 U	06 02 161	60 19 458
(2)		06 03 662	60 20 134
(3)		06 02 382	60 21 328
(4)		06 00 552	60 21 129
(5)		06 00 695	60 19 946

31. Bungsberg

Diese Wanderung zum höchsten Berg Schleswig-Holsteins (167 m) führt durch das für die Holsteinische Schweiz typische Gelände: über sanfte Hügel mit schönen Ausblicken. Vom Fernsehturm auf dem Bungsberg hat man einen weiten Blick.

Mächtige Bäume säumen den Wanderweg.

Charakter der Tour: Rundwanderung, überwiegend auf unbefestigten Wegen • **Beste Jahreszeit:** sehr schön im Frühjahr, wenn der Raps blüht, aber das ganze Jahr möglich. • **Reine Gehzeit:** 2 Stunden, 15 Minuten • **Streckenlänge:** 10,7 Kilometer • **Markierung:** örtliche Markierungen • **Einkehren:** in Freudenholm Hofcafé Bökensberg, geöffnet Mai bis September, 13 - 17.30 Uhr, Mittwoch Ruhetag. In Kirchnüchel: Mariental, links ab entlang der Hauptstraße • **Karten:** Topographische Landkarte Nr. 1729, 1730, 1828, 1830, 1 : 25 000 • **Ausgangspunkt** ist der Ort Bergfeld. Man erreicht ihn über Lütjenburg und Kirchnüchel oder von Neustadt kommend Richtung Lütjenburg. Wir parken kurz hinter dem Ortseingang aus Richtung Kirchnüchel rechts an der Straße auf einem Seitenstreifen.

① Bergfeld – Freudenholm, 25 Minuten Gehzeit, 2100 Meter

Wir gehen in den Ort hinein und biegen kurz darauf nach rechts Richtung Freudenholm ab. Nach 550 Metern folgen wir der abknickenden Vorfahrt Richtung Freudenholm nach rechts. Ausschilderung: Bungsberg und „T“. 20 Minuten später erreichen wir Freudenholm und folgen dem Fahrweg nach rechts in den Ort hinein.

UTM-Wegepunkte:

①	32 U	06 10 839	60 06 867
②		06 09 285	60 06 111
③		06 12 475	60 08 163

Freudenholm – Kirchnüchel, 22 Minuten Gehzeit, 1300 Meter

Wir folgen dem Rundweg Bungsberg und T rechts ab nach Kirchnüchel. Der Weg geht über in einen Feldweg. Wir passieren das Hofcafé Bökensberg. Kurz darauf gabelt sich der Weg an einer Schutzhütte. Wir folgen rechts dem Rundweg Bungsberg und T. ② Wir kommen an einem Findling vorbei, neben dem eine riesige Doppeleiche steht. Auf dem Findling steht „Grünhaus“ geschrieben. An einer Wegekreuzung gehen wir geradeaus. Kurz darauf ist rechter Hand der Fernmeldeturm auf dem Bungsberg zu sehen. Wir erreichen Kirchnüchel, (Restaurant 200 Meter links an der Hauptstraße) gehen auf die Hauptstraße zu und überqueren sie. Auf der anderen Straßenseite setzt sich der Weg Richtung Gut Kirchmühl als Spurplattenweg fort.

Kirchnüchel – ③ Bungsberg, 65 Minuten Gehzeit, 2900 Meter

Wir gehen genau in Blickrichtung auf den Bungsbergturm und passieren nach einer Weile die Hofanlage Kirchmühl. Kurz darauf folgen wir dem Hauptweg durch den Wald. Der ab 10^{00} statt.

nach 16^{15} ab Rothenhusen.

Blankenese – Cranz / alles Land.

S. 151

Geltinger Noor S. 54

Westerhever Sand S. ~~54~~ 73

Plöner See S. 120

ca 20 km (?)

Dr. med. Annegret Engelhard

Ärztin für Innere Medizin

2351 RICKLING

Telefon: 0 43 28 / 1 93 36

den ....

Rp.

Hauptweg biegt nach links ab, Ausschilderung „1 km Bungsberg“. Links zeigt sich ein hoher Sendemast, rechts ist wieder der Bungsberg zu sehen. Wir passieren ein Anwesen mit Teich, biegen kurz darauf nach rechts ab und steigen zum Bungsberg hinauf. Markierung: „Rundwanderweg, T, 1 SCH“. Der letzte Anstieg führt durch einen Laubwald. Wir erreichen den Bungsberg. Der Fernsehturm ist geöffnet vom 1.4. – 31. 8., 7 - 22 Uhr. 1.9. - 31.3., 8 - 16 Uhr. Eine Aussichtsplattform befindet sich in etwa 50 Meter Höhe und bietet einen schönen Rundblick. 1 Euro öffnet das Drehkreuz.

③ Bungsberg – ① Ausgangspunkt, 40 Minuten Gehzeit, 2700 Meter

Den Turmeingang im Rücken, gehen wir nach rechts Richtung Bergfeld. Rechts liegt der Weg, auf dem wir heraufgekommen sind. Wir gehen auf eine kleine Sitzgruppe zwischen Bäumen zu, folgen aber nicht der nach links abknickenden befestigten Straße mit ihren Ausschilderungen. Wir überqueren das kleine Plateau mit der Sitzgruppe. Genau auf der anderen Seite folgen wir einem Pfad, der in den Wald hinunter führt. Wir sehen die Markierung mit dem Andreaskreuz. Wir erreichen eine quer verlaufende asphaltierte Fahrstraße und gehen nach rechts. Das Andreaskreuz zeigt nach Schönwalde und Eutin. Wir gehen Richtung Eutin. Fünf Minuten später passieren wir den Bungsberghof, ein Anwesen mit Teich. Nach zehn Minuten erreichen wir die Verbindungsstraße Neustadt - Lütjenburg und gehen nach rechts auf dem Rad-Fußweg weiter, der Markierung Andreaskreuz und T folgend, zum Ausgangspunkt zurück.

Klassische Landschaft in der Holsteinischen Schweiz.

32. Plön

Die Altstadt von Plön ist Teil dieser ausgedehnten Wanderung.

Eine Wanderung, die die Vielfalt des Plöner Sees und seiner Umgebung erschließt: Wälder und Hügel, Gewässer und Ortschaften harmonieren in reizvollem Wechsel. Der Blick vom Plöner Schloss, weit über das Umland, ist einzigartig. Die Kirche von Bosau sollte ebenfalls besichtigt werden. Zur Tour gehört eine Schiffspassage zwischen Bosau und der Prinzeninsel.

Charakter der Tour: Rundwanderung, überwiegend auf unbefestigten Wegen ● **Beste Jahreszeit:** die Schiffe fahren von Mai bis September. Fahrplan-Auskunft: www.grosse-ploenersee-rundfahrt.de, Bosau-Fahrt oder (0 45 22) 67 66 ● **Reine Gehzeit:** 3 Stunden, 15 Minuten ● **Streckenlänge:** 13,8 Kilometer ● **Markierung:** örtlich, teilweise Andreaskreuz ● **Einkehren:** Prinzeninsel „Niedersächsisches Bauernhaus“, Plön Altstadt, Leuchtturm, Bosau ● **Karten:** Topographische Landkarte Nr. 1828, 1 : 25 000 oder L 1928, 1 : 50 000 ● **Ausgangspunkt:** Parkplatz vor der Kirche in Bosau.

① Bosau – Schloss, 53 Minuten Gehzeit, 4100 Meter

Mit dem Rücken zur Kirche gehen wir nach links in den Ort, Richtung Anleger in den „Gerold Damm“. Hinter dem Hotel

am See (Biergarten) geht es links zum Anleger. Die Überfahrt zur Prinzeninsel dauert etwa 25 Minuten.
Am Anleger Prinzeninsel (2) wenden wir uns nach links. Direkt vor uns liegt das Niedersächsische Bauernhaus, ein Café-Restaurant und Biergarten. Wir umrunden die Spitze der Prinzeninsel, mit ihren Bade- und Picknickmöglichkeiten und gehen auf dem Wanderweg weiter. Wir passieren das Strandbad Prinzenbad. Wir gehen geradeaus am Seeufer weiter auf einem schmalen Pfad. Der Pfad mündet in den Hauptweg. Über eine kleine Brücke verlassen wir die Prinzeninsel, und gehen unmittelbar danach rechts, jetzt das Seeufer zur Rechten. Links liegt die Gedenkstätte Kadettenfriedhof. An der nächsten großen Wegegabel gehen wir geradeaus. Wir unterqueren wenig später die Bahnlinie am Hinweis „ehemalige Schlossgärtnerei“, gehen geradeaus weiter und steigen dann nach rechts zum Schloss empor.

Schloß – (3) Gasthaus Leuchtturm, 50 Minuten Gehzeit, 3600 Meter

Wir umrunden das Schloss rechts und haben eine schöne Aussicht auf den See. Anschließend steigen wir über einen Pflasterweg zur Altstadt von Plön hinab. Man passiert die Kirche und geht kurz darauf rechts, Richtung Anleger/Strandweg. An der Straße halten wir uns links. Dann gehen wir nach rechts, dem Schild Seepavillon folgend und überqueren nach rechts den kleinen Fluß. Wir gehen links weiter am Seeufer entlang und passieren den Bahnhof. Beim Anleger Altes Fährhaus verlässt der Weg das Ufer. Wir gehen anschließend nach rechts in die Eutiner Straße. Dort gibt es weitere Einkehrmöglichkeiten. Wir erreichen die Rosenstraße und folgen der Ausschilderung „Strandweg“ nach rechts, Kennzeichnung X. Die Rosenstraße geht über in einen unbefestigten Wanderweg. Jetzt geht es wieder am See entlang.
Man passiert weitere Bademöglichkeiten und Kioske. Beim nächsten Anleger (Tennisplätze/Minigolf) gehen wir links, Richtung Hauptstraße. Wer zum Gasthaus Fegetasche möchte, unterquert die Straße durch den Tunnel. Ansonsten gehen wir an der Straße nach rechts. Man passiert das Tor der Marineunteroffizierschule und erreicht den Gasthof Leuchtturm.

③ Gasthof – ① Ausgangspunkt, 1 Stunde, 20 Minuten Gehzeit, 6100 Meter

UTM-Wegepunkte:

①	32 U	05 93 187	59 96 308
②		05 92 202	59 99 707
③		05 94 841	60 01 132

Rechts ab geht es in Richtung „Bosau 7 km". 20 Meter hinter dem Restaurant, an einem Hinweisschild, steigen wir nach links in den Wald empor. Wir gehen oben parallel zur Fahrstraße nach rechts weiter auf einem schmalen Pfad im Wald. Wir erreichen einen asphaltierten Querweg. Links ist das Ortsschild „Sandkaten" zu sehen. Wir gehen kurz nach links und steigen anschließend nach rechts wieder auf dem Wanderpfad zum Wald hinauf. Ausschilderung: Naturpark-Wanderweg Bösdorf 11.

Kurz darauf übersteigen wir einen Zaun und gehen auf dem Hauptpfad halblinks weiter. Anschließend überqueren wir wieder einen Zaun über eine Stiege. Am nächsten Wege-T geht es nach links auf das Pflegeheim zu. Wir erreichen die Klinik Ruhleben. Der Wanderweg nach Bosau knickt scharf nach links ab. Wir folgen ihm. Am nächsten Abzweig gehen wir nach rechts, der Ausschilderung Bosau nach. Rechts liegt eine Badestelle.
Wir folgen bei einem Gatter dem Hauptweg nach links. Wir gehen auf einem nicht markierten Weg nach rechts über die Wiese. Sollte dieser versperrt sein, geht es zunächst geradeaus weiter, dann am Waldrand nach rechts. Nach Durchquerung der Wiese an der Asphaltstraße wechseln wir nach links auf den Radweg und gehen nach rechts Richtung Bosau. Auf Höhe des Ortsschildes wechseln wir auf den Fußweg neben der Fahrbahn und gehen in den Ort hinein. Kurz darauf passiert man wieder „Strauers Hotel am See“ am Anleger und erreicht den Ausgangspunkt vor der Kirche.

Idylle am Plöner See. Im Hintergrund liegen Schloss und Kirche.

33. Bad Segeberg

Blick vom Kalkberg auf einen Teil des Festspielgeländes, wo im Sommer Hochbetrieb herrscht.

Der Kalkberg Bad Segebergs gehört zu den bekanntesten Sehenswürdigkeiten Schleswig-Holsteins. Vor seiner Kulisse finden jährlich im Sommer die Karl-May-Festspiele statt. Auch die Höhlen im Inneren des Berges können besichtigt werden. Während der abendlichen Aufführungen im Sommer ist der Kalkberg nur eingeschränkt begehbar.

Charakter der Tour: Rundweg über die Stipsdorfer Berge und am Großen Segeberger See entlang, weitgehend auf unbefestigten Wegen. • **Beste Jahreszeit:** Während des ganzen Jahres möglich • **Reine Gehzeit:** 2 Stunden, 15 Minuten • **Streckenlänge:** 9 Kilometer • **Markierung:** örtliche Markierungen • **Einkehren:** Klüthseehof am Drehpunkt der Wanderung, in Bad Segeberg. • **Karten:** Topographische Karten Nr. 2027, 2028, 1:25 000 oder L 2126, L 2128, 1:50 000 • **Ausgangspunkt** ist der Ort Stipsdorf. Wir parken auf einem breiten Seitenstreifen neben der Fahrbahn, mitten im Dorf vor einem großen Anwesen Ecke Segeberger Straße, Kroogredder. Es ist in beiden Richtungen ein Wanderweg ausgeschildert. Gegenüber weist ein Schild darauf hin, dass dort kein Wanderweg ist.

① Ausgangspunkt – Fahrstraße, 39 Minuten Gehzeit, 2000 Meter

Wir verlassen den Ort in nördlicher Richtung, der ansteigenden Straße folgend. Kurz darauf verlassen wir die Dorfstraße nach links in einen als Wanderweg gekennzeichneten Weg. Rechts zweigt die Fahrstraße ab nach Klein Rönnau. Nach 500 Metern ignorieren wir einen Parallelweg nach links. 100 Meter weiter, an einem kleinen Findling, lohnt sich ein Abstecher nach rechts, den Moosberg hinauf. Von dort hat man einen schönen Blick auf den großen Segeberger See und die Stadt Bad Segeberg mit dem Kalkberg. Wir verlassen den Moosberg auf dem gleichen Weg wie beim Aufstieg. Unten nehmen wir diesmal den kleinen Parallelweg zum Asphaltweg nach rechts. Der Asphaltweg gabelt sich. Nach links geht er in einen Feldweg über, der auch als Fledermausroute SE 1 gekennzeichnet ist. Wir gehen jedoch nach rechts, bleiben auf dem Asphaltweg und folgen der grün ausgeschilderten Wanderroute „Segeberger Karst V". Wir erreichen bald darauf eine Fahrstraße.

Fahrstraße – Klüthseehof, 30 Minuten Gehzeit, 1400 Meter

Die Wanderroutenbeschilderung ist hier nicht mehr eindeutig. Wir gehen an der Fahrstraße nach links. Ein Feldweg zweigt kurz darauf nach rechts ab. Links und rechts je ein kleiner Findling mit verwitterten Markierungen. Er ist von Bäumen und Gebüsch gesäumt. Wir folgen diesem Weg. Er steigt zunächst sacht an. Der Weg schlängelt sich bald darauf durch ein kleines Stück Laubwald. Wir kreuzen einen Waldweg, gehen geradeaus weiter und nehmen 100 Meter danach an einem Wege-T den Weg nach links. Wenige Minuten später biegen wir scharf links vom Hauptweg ab in einen Stichweg. Rechts steht eine große Kiefer. (2) Der Pfad schlängelt sich unauffällig durch den Wald, man muss ihm unbeirrt folgen. Teilweise durch umgestürzte Bäume behindert, links schimmert immer wieder der Klüthsee durch die Bäume, folgen wir dem Pfad. Bald wird der Wald lichter, der Weg knickt nach rechts ab durch ein Feuchtgebiet. Wir folgen ihm und erreichen die Rückseite des Lokals Klüthseehof mit Terrasse (Einkehrmöglichkeit).

Klüthseehof – (3) Kalkberg, 1 Stunde, 14 Minuten Gehzeit, 4200 Meter

Wir gehen nach links auf den See zu, am Campingplatz vorbei, überqueren die Fahrstraße und halten uns am Seeufer rechts auf dem Uferweg. Wir queren einen Bach über eine steinerne Brücke. Erst jetzt sehen wir die roten und grünen Wanderwegweiser wieder. 15 Minuten später passieren wir eine Wassertretanlage, nach weiteren fünf Minuten das

Seehotel (Hochhaus) und erreichen die Uferpromenade.

UTM-Wegepunkte:

①	32 U	05 87 697	59 77 913
②		05 88 602	59 79 618
③		05 86 450	59 77 147

Wir gehen geradeaus weiter nach Bad Segeberg hinein (Große Seestraße), kommen in die Fußgängerzone und gehen nach links. (ZOB/Markt). Uns links haltend überqueren wir kurz darauf den Marktplatz. Der Kalkberg ist ausgeschildert. Wir passieren die Kirche. Wir gehen durch die Kirchstraße, dann in die Lübecker Straße. Kurz darauf gehen wir vor dem Rathaus nach rechts, der Ausschilderung Kalkberg nach. Wir folgen kurz darauf einem Weg nach links mit dem Hinweis Kalkbergtheater. Der Weg führt in Serpentinen nach oben. Unterwegs befindet sich ein Gasthof mit Biergarten (Einkehrmöglichkeit).

③ Kalkberg – ① Ausgangspunkt, 46 Minuten Gehzeit, 1400 Meter

Wir steigen auf dem gleichen Weg ab, gehen unten rechts herum und kommen so zum Eingang der Fledermaushöhlen

(Besichtigung im Sommer). Von den Höhlen folgen wir der Oberbergstraße. (Rechts ab geht es zum Freilichttheater, das zu bestimmten Zeiten besichtigt werden kann.) In der Lübecker Straße gehen wir dann kurz rechts und danach in die erste Straße links. Wir gehen rechts an einem Campingplatz vorbei auf eine Kleingartenkolonie zu. Zwischen der Kolonie und einem weiteren Campingplatz gehen wir Richtung See. Im Wald halten wir uns rechts. Über eine in sich verschobene Kreuzung gehen wir kurz rechts und dann halblinks (nicht nach links direkt zum See). Kurz darauf begegnet uns wieder die Markierung Fledermausroute. Wir folgen dem Weg geradeaus absteigend zum See.

Am Ende eines schmalen Weges erreichen wir die ersten Häuser von Stipsdorf und gehen nach rechts zum Ausgangspunkt.

Der Kalkberg dient als Kulisse der Segeberger Karl-May-Festspiele.

34. Barker Heide

Stille und Weite sind charakteristisch für die Barker Heide in der Nähe Bad Segebergs.

Die Barker Heide gehört zu den seltenen Sandheiden Schleswig-Holsteins. Der Wechsel zwischen landwirtschaftlicher Kulturlandschaft und einer urwüchsigen Wald-, Gras- und Heidevegetation macht den Reiz dieser Wanderung aus.

Charakter der Tour: Rundwanderung, überwiegend auf befestigten Straßen, teilweise ohne Schatten ● **Beste Jahreszeit:** ganzjährig ● **Reine Gehzeit:** 1 Stunde, 36 Minuten ● **Streckenlänge:** 8,1 Kilometer ● **Markierung:** teilweise örtlich ● **Einkehren:** keine Einkehrmöglichkeit ● **Karten:** Topographische Landkarten Nr. 2026, 2027, 2126, 2127, 1:25 000 oder L 2126, 1 : 50 000 ● **Ausgangspunkt** ist das Ende der Straße „Am Schillersberg" in Bockhorn, Richtung Bark, Parkmöglichkeit an einem Wasserwerk bei den letzten Häusern. Man erreicht den Parkplatz, indem man von der B 206 (Bockhorner Landstraße) bei der Ampel abbiegt.

① Ausgangspunkt – ② Brücke, 22 Minuten Gehzeit, 1300 Meter

Wir gehen in Richtung Bark auf dem Spurplattenweg. In der ersten Kurve verlassen wir den Spurplattenweg und nehmen einen Grasweg nach links. Wir folgen dem Hauptweg nach links durch Feuchtwiesen hindurch. Wir passieren Jägerstühle. Der Weg ist teilweise überwuchert und sumpfig.

Wir können auch rechts parallel im Wald gehen. Nach 20 Minuten erreichen wir am Waldrand eine eingezäunte Weide. Wir gehen nach rechts durch den Wald, den Zaun immer links. Kurz danach gelangen wir an einen Graben und gehen nach rechts.100 Meter weiter stoßen wir auf einen Pfad, an einen weiteren Graben und gehen nach rechts. Anschließend erreichen wir eine Brücke und überqueren sie nach links. Wir kommen an einen Bolzplatz und Spielplatz. Ortsschild: Bark.

(2) Brücke – (3) Wege-T, 39 Minuten Gehzeit, 4100 Meter

Wir gehen nach rechts aus dem Ort hinaus. Nach fünf Minuten ignorieren wir den ersten nach links abzweigenden Asphaltweg und gehen geradeaus weiter. Kurz darauf, an der nächsten Verzweigung, gehen wir nach links: „Birkenweg 30, Vosshöhlen", nicht nach rechts, Richtung Bockhorn. Ein Spurplattenweg zweigt bald darauf nach rechts ab, wir gehen weiter auf dem Asphaltweg nach links. Einen kurz darauf nach links abzweigenden Spurplattenweg ignorieren wir ebenfalls. So kommen wir an ein Wege-T.

(3) Wege T – (1) Ausgangspunkt, 36 Minuten Gehzeit, 2900 Meter

UTM-Wegepunkte:

(1)	32 U	05 75 242	59 74 836
(2)		05 76 524	59 74 328
(3)		05 73 697	59 73 037

Wir gehen nach rechts, Richtung Bockhorn, auf dem Spurplattenweg. An der nächsten Verzweigung gehen wir rechts. Wir überqueren eine Wegekreuzung geradeaus in den unbefestigten Weg hinein. Wir passieren rechter Hand eine große Wiese. Im Wald nehmen wir den zweiten nach links abzweigenden Weg und erreichen die Straße, auf der wir uns kurz rechts haltend, wieder am Ausgangspunkt sind.

35. Ratzeburger See

Der mächtige Dom mit dem Standbild des Löwen ist das Wahrzeichen Ratzeburgs.

Der Ratzeburger See erstreckt sich im Norden zwischen der Mündung der Wakenitz bei Rothenhusen in den See und der Stadt Ratzeburg im Süden. In Ratzeburg lohnt ein Besuch der Altstadt mit Dom und Museen. Der Wanderweg verläuft am Westufer durch angenehm schattigen Mischwald. Es gibt mehrere Bademöglichkeiten. Die Anreise nach Ratzeburg erfolgt mit dem Schiff ab Rothenhusen.

Charakter der Tour: Streckenwanderung mit Schiffspassage, weitgehend auf unbefestigten Wegen. Man erkundige sich über den jeweils aktuellen Fahrplan unter www.schiffahrt-ratzeburg.de oder (0 45 41) 79 00. Der schmale Ufer-Wanderweg ist besonders am Wochenende in der Saison stark von Radfahrern frequentiert. • **Beste Jahreszeit:** Die Schiffe verkehren von Mitte März bis Mitte Oktober. Beste Aussichten auf den See im Frühjahr und Herbst • **Reine Gehzeit:** 3 Stunden, 45 Minuten • **Streckenlänge:** 15,6 Kilometer • **Markierung:** teilweise Rundwanderweg Mölln, weißes x des Europäischen Fernwanderweges • **Einkehren:** Fährhaus Rothenhusen, auf dem Schiff, in Ratzeburg, in Buchholz • **Karten:** Topographische Landkarte Nr. 2230, 1 : 25 000 oder L 2330, 1 : 50 000 • **Ausgangspunkt** ist der Parkplatz für Busse und Pkw, etwa 800 Meter vor dem Fähranleger Rothenhusen. Man erreicht ihn von der Bundesstraße 207, Lübeck – Ratzeburg. Er ist ausgeschildert.

① Ausgangspunkt – ② Ratzeburger Dom, 45 Minuten Schiffspassage, 30 Minuten Gehzeit, 1500 Meter

Den Parkplatz im Rücken, wenden wir uns parallel der Fahrstraße nach links und folgen der Ausschilderung zum Anleger Rothenhusen. Mit dem Schiff fahren wir zum Ratzeburger Anleger Schlossbrücke. Hinter dem Anleger gehen wir nach links in die Stadt hinein. Die Straße heißt „Unter den Linden". Jenseits der Brücke gehen wir hinter dem Rathaus vorbei und folgen dem Uferwanderweg. Kurz vor der Turnhalle gehen wir nach rechts über einen Parkplatz und halten uns anschließend an der Ruderakademie nach links auf den Dom zu. Wir zielen auf die linke Seite der Kirche. Dort ist der Eingang. Öffnungszeiten: 10 – 12 Uhr, 14 – 18 Uhr von März bis September, Oktober bis März bis 16 Uhr.

② Dom - ③ Badestelle Buchholz, 1 Stunde, 15 Minuten Gehzeit, 4700 Meter

Links, durch die Domstraße, am Kreismuseum vorbei, gehen wir Richtung Stadt. Man passiert das A.-Paul-Weber-Haus. Wir kommen zum Markt und gehen nach rechts. Wir gehen die Töpferstraße hinunter und diesmal vor dem Rathaus entlang, über die Brücke, den Parkplatz und kommen wieder am Anleger vorbei, wo wir das Schiff verlassen haben.

Vom Anleger gehen wir links auf einem mit Verbundstein gepflasterten Weg. Wir folgen diesem zwischen Straße und See. Der Weg gabelt sich, wir bleiben am Ufer. An einer asphaltierten Straße halten wir uns rechts. Wir befinden uns jetzt auf einem Wanderweg, der mit einem x gekennzeichnet ist und der Beschriftung „Rundwanderweg Mölln". Wir folgen diesem Weg am Seeufer entlang. Acht Minuten später erreichen wir wieder eine Asphaltstraße und halten uns rechts bei einem Schild „Buchholz-Entenhaus". Wir folgen der Markierung weißes x. An einer Wegegabel verlassen wir den Weg mit der Markierung weißes x und nehmen den Weg rechts in Richtung Wasser. Der Weg führt in Serpentinen abwärts. Am Ufer des Sees überqueren wir einen Bach über eine Brücke nach links. Eine Balkentreppe führt anschließend aufwärts. Der Weg ist wieder markiert mit „Rundwanderweg Mölln".

Wir erreichen auf halber Höhe einen Weg nach rechts. Ein Pfeil nach rechts weist auf den Rundwanderweg Mölln hin, und wir sehen wieder das weiße x. Der Weg erreicht bald das Seeufer. Bademöglichkeit. Hinweisschilder: Ratzeburg 3,8 km, Buchholz 0,4

UTM-Wegepunkte:

1	32 U	06 16 068	59 61 087
2		06 17 188	59 51 968
3		06 15 398	59 55 270
4		06 14 633	59 59 228

3 Badestelle Buchholz – 4 Badestelle Groß Sarau, 1 Stunde, 10 Minuten Gehzeit, 5000 Meter

Wir passieren das Gelände des Buchholzer Segelvereins, schon mit Ausschilderung zum Schiffsanleger. Wir gehen am Parkplatz vorbei und halten uns kurz darauf rechts, indem wir den Asphaltweg verlassen und in einen Rad- und Gehweg einbiegen, der nach Pogeez ausgeschildert ist. Die Ausschilderung weißes x verlassen wir hier, sie zeigt nicht nach Pogeez, sondern geradeaus in den Ort. 20 Minuten später passieren wir den Naturcampingplatz Buchholz nebst Lokal Angelsmühle. Wir gehen weiter rechts auf dem schmalen Pfad. Einige Minuten später wandern wir nahe am See und erreichen 15 Minuten später die Badestelle Pogeez. Hier befindet sich ein Kiosk. 25 Minuten danach kommen wir zur Badestelle Groß Sarau.

(4) Groß Sarau – (1) Ausgangspunkt, 58 Minuten Gehzeit, 3000 Meter

10 Minuten später passieren wir in Groß Sarau einen Parkplatz mit Surfmöglichkeit. Dort ist gleichzeitig ein Schiffsanleger. Wir nehmen den ausgeschilderten Weg nach Rothenhusen und nicht den kleinen Pfad zum Anleger. Fünf Minuten später kommen wir an einem Wegweiser „Rothenhusen 2,2 Kilometer“, vorbei. Wir passieren einige Häuser, darunter eines mit einer großen Glasfassade. Wir wandern am See entlang. Das Gelände gehört zum Lübecker Segelverein. Wir passieren einen Campingplatz. Über einen Parkplatz erreichen wir den ausgeschilderten Schiffsanleger Rothenhusen und kommen nach weiteren zehn Minuten auf dem bekannten Weg zum Ausgangspunkt zurück.

Der Wanderweg am Ratzeburger See führt durch schöne Mischwälder.

36. Mölln

Wanderung durch ausgedehnte Wälder um zwei Seen herum zum malerischen Eulenspiegel-Städtchen Mölln. In Mölln lohnt ein Tierparkbesuch. Es gibt Picknickstellen und Bademöglichkeiten.

Malerische Fachwerkhäuser sind in Mölln zu sehen.

Charakter der Tour: Rundwanderung, weitgehend auf unbefestigten, schattigen Wegen ● **Beste Jahreszeit:** ganzjährig ● **Reine Gehzeit:** 2 Stunden, 57 Minuten ● **Streckenlänge:** 11 km ● **Markierung:** örtliche Markierungen ● **Einkehren:** Gaststätten in Mölln, Waldhalle ● **Karten:** Topographische Landkarten Nr. 2330, 2430, 1:25 000 oder L 2330, L 2530, 1:50 000 ● **Ausgangspunkt** ist der Parkplatz Drüsen an der L 287, der Verbindungsstraße zwischen Mölln und Gudow.

① Ausgangspunkt – Bootsanleger Angelverein, 32 Minuten Gehzeit, 2200 Meter

Vom Wanderparkplatz gehen wir, mit dem Rücken zur Einfahrt, nach links auf einen Wanderweg. Wir unterqueren die Straße und stoßen auf eine Ausschilderung „Wanderweg Mölln 3 km“ nach rechts. Wir gehen rechts. Beim Campingplatz Lüttauer See folgen wir dem Wanderweg nach Mölln nach links. Wir gehen nach Norden, zwischen zwei Campingplätzen hindurch, in einen Forstweg hinein. Kurze Zeit später folgen wir dem Abzweig nach Mölln nach links (2.9 km). Nach 600 Metern, immer am Zaun des Campingplatzes entlang absteigend, erreichen wir das Seeufer. Wir gehen rechts weiter und kommen nach 300 Metern an einen Picknickplatz. Der Weg führt teils am See, teils oberhalb entlang. Sieben Minuten später erreichen wir die Brücke zwischen Lüttauer- und Schmalsee. Wir gehen geradeaus weiter, nicht über die Brücke: „Mölln 1.2 km“. Der schmale Weg am Seeufer mündet kurz darauf wieder in den Hauptwanderweg ein. Der See endet bei einer weiteren Brücke mit dem Bootsanleger eines Angelvereins.

Bootsanleger – Mühlenplatz in Mölln, 45 Minuten Gehzeit, 2800 Meter

Wir gehen rechts weiter auf dem Carmen-Langmaark-Weg. Am nächsten Wege-T gehen wir links weiter. Wir erreichen eine weitere Brücke mit Pkw-Parkplatz, die Schaafbrücke. Wir gehen auf dem Gehweg neben der Asphaltstraße weiter, lassen also die Brücke links liegen. Wir stehen an einem Wegedreieck mit einem Schilderbaum. Wir gehen links Richtung Kurpark/Zimmervermittlung. Vor der kleinen Brücke gehen wir rechts Richtung Mölln Altstadt in den mit x gekennzeichneten Wanderweg. Links liegt jetzt die Pinnau, die in den Mühlenbach übergeht. Wir gehen immer geradeaus und fünf Minuten später rechts in die Altstadt von Mölln hinein, noch immer am Mühlenbach entlang. Wir kommen an der Polizei vorbei und erreichen den Mühlenplatz mit mehreren Einkehrmöglichkeiten.

Mühlenplatz – Aussichtsturm, 25 Minuten Gehzeit, 1200 Meter

Wir gehen weiter, erreichen eine Fahrstraße, überqueren sie, halten uns kurz links und gehen dann den Till-Eulenspiegel-Gang hinauf Richtung Kirche. Dort steht die bekannte Eulenspiegelstatue (2) am Markt, sowie ein Museum und das alte Rathaus. Durch die Gasse gehen wir zurück in den Mühlenplatz. An dessen Ende gehen wir nach rechts in die Mühlenstraße bis zur Abzweigung Grubenstraße. Hier ist die Gedenkstätte an den Brandanschlag von 1992. Wir gehen links ab in den Lohgerbergang zum Kurpark. Im Kurpark wenden wir uns nach rechts. Links ist schon der Aussichtsturm zu sehen, unser nächstes Ziel. Der Weg führt nach links zum Ausgang. Wir verlassen den Park, gehen kurz einen Asphaltweg hinauf und folgen dann einem Serpentinenweg durch den Wald aufwärts. Oben erreichen wir ein Plateau, das Gasthaus Quellenhof, gehen kurz links und vor dem Altersheim wieder links. Wir gehen zwischen Quellenhofhotel und Altersheim erneut kurz links und dann sofort rechts zum Aussichtsturm. (Wasserturm). Der Aufstieg ist gebührenpflichtig.

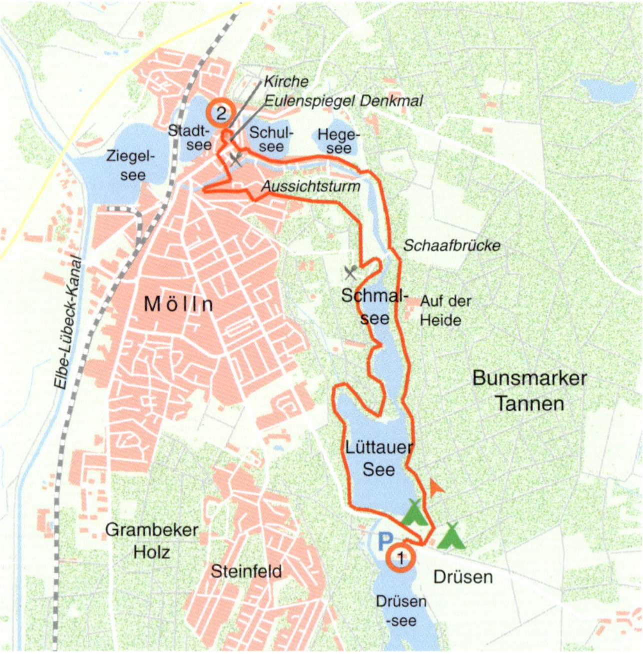

UTM-Wegepunkte:

①	32 U 06 13 505	59 40 482
②	06 11 865	59 43 690

Aussichtsturm – Hotel Waldhalle, 35 Minuten Gehzeit, 2100 Meter

Wir gehen hinter dem Turm in den kleinen Pfad, an der Wegegabel rechts und dann nach links in den Weg auf dem Klüschenberg. An dessen Ende gehen wir links. Wir passieren den Lindenweg und folgen dem Schild Wildgehege geradeaus in den Birkenweg. Wir erreichen das Wildgehege. Die Besichtigung ist nur ohne Hunde möglich. Durch den gleichen Eingang gehen wir wieder hinaus. Wir wenden uns nach rechts in die Fahrstraße und passieren einen Findling mit der Aufschrift „Zum Ehrenmal“. An einer Wegegabelung an der Villenstraße gehen wir nach rechts Richtung Hotel Waldhalle. Kurz darauf knickt der Asphaltweg nach links ab. Wir gehen geradeaus und folgen dem Schild „Pinnautal“. Schmalsee, x, 7. Wir sind unterhalb des Hotels Waldhalle.

Waldhalle – ① Ausgangspunkt, 40 Minuten Gehzeit, 2700 Meter

Wir gehen nach links und umrunden die Waldhalle, Biergarten mit Terrasse. Wir erreichen die Pinnau, passieren wieder den Bootsanleger und gehen geradeaus/rechts weiter. Hier ist bereits Drüsensee ausgeschildert, unser Endpunkt. Auch der Carmen-Langmaark-Weg begegnet uns wieder. Wir folgen dem Weg weiter auf dem rechten Ufer. An einer kleinen Schutzhütte folgen wir dem x-Weg nach rechts. Der Carmen-Langmaark-Weg zweigt nach links ab, wechselt das Ufer über die Brücke. Wir gehen geradeaus, weiter dem x-Weg, 7, folgend. Wir passieren eine Badestelle mit Rastplatz. An der nächsten Wegegabel gehen wir links und überqueren eine kleine Brücke. Es geht links weiter am Seeufer entlang. Hinter einer kleinen Schutzhütte gabelt sich der x-Weg, 7. Wir gehen nach links. Wir erreichen die Fahrstraße und gehen links. Kurz darauf passieren wir einen Gedenkstein des Lützowschen Freikorps von 1813. Wir gehen weiter auf dem Rad- und Fußweg und sehen schon die Wohnwagen des Campingplatzes. Zurück zum Ausgangspunkt gelangen wir, indem wir wieder unter der Hauptstraße hindurchgehen.

Mölln ist in ganz Norddeutschland als Eulenspiegelstadt bekannt.

37. Lauenburg

1724 wurde die Palmschleuse als Teil des Stecknitz-Delvenau-Kanals in ihre heutige Form gebracht.

Eine klassische Wanderung für Schleswig-Holstein: zwischen Wasser und alter Stadt. Hoch über dem Elbtal bieten sich schöne Blicke in die Umgebung. Die Palmschleuse ist ein beeindruckendes technisches Bauwerk. Es gibt zahlreiche Picknick- und Badestellen.

Charakter der Tour: Leichte Rundwanderung, überwiegend auf befestigten Wegen, einige kurze steile Anstiege im Bereich der Stadt Lauenburg. Weitgehend ohne Schatten • **Beste Jahreszeit:** ganzjährig • **Reine Gehzeit:** 2 Stunden, 15 Minuten • **Streckenlänge:** 10 Kilometer • **Markierung:** teilweise örtlich • **Einkehren:** Restaurant an der Palmschleuse, diverse Möglichkeiten in Lauenburg • **Karten:** Topographische Landkarte Nr. 2629, 1 : 25 000 oder L 2728, 1 : 5000 • **Ausgangspunkt** ist der Parkplatz am Sportplatz/Jugendherberge in Lauenburg. Man erreicht ihn, aus Richtung Geesthacht kommend, etwa 200 Meter hinter dem Ortseingang. Abbiegen nach rechts in die Straße „Am Sportplatz".

(1) Sportplatz – (2) Palmschleuse, 44 Minuten Gehzeit, 3300 Meter

Den Sportplatz im Rücken, die Jugendherberge rechts, steigt man über Serpentinen den Wald hinab zum Elbufer. Dort gehen wir links auf der malerischen Uferpromenade.

Man sieht die große kombinierte Eisenbahn- und Straßenbrücke. Nach einem Kilometer erreichen wir den Lauenburger Rufer. Der Promenadenweg endet, und es geht rechts weiter. Wir folgen der normalen Straße geradeaus. Kurz darauf passiert man den gepflasterten Anlegeplatz. Das Gewässer rechts ist die Stecknitz. Wir passieren die Gebäude der Hitzler-Werft. Wir folgen der Bahnhofstraße nach halblinks. Sie geht in die Hafenstraße über (alter Wegweiser nach Boizenburg). An der Brücke überqueren wir die Fahrstraße, gehen nach links und passieren einen Bootshafen. Wir kommen an einer Schleuse vorbei. An deren Ende, auf Höhe einer Bushaltestelle, können wir den Gehweg neben der Fahrstraße verlassen und wechseln nach rechts auf einen schmalen Pfad, links absteigend zur Stecknitz (Elbe-Lübeck-Kanal) hinab. Wir erreichen die Brücke unterhalb der B 5, gehen links hinauf und überqueren die Brücke nach rechts. Unmittelbar hinter der Brücke gehen wir nach rechts. Die Palmschleuse ist ausgeschildert. Dort gibt es eine Einkehrmöglichkeit.

② Palmschleuse – Elbdeich, 22 Minuten Gehzeit, 1700 Meter

Wir gehen weiter, lassen die Straße zum Industriegebiet/Kläranlage nach rechts unbeachtet und nähern uns der B 5. Kurz darauf nehmen wir den ersten abzweigenden Asphaltweg nach rechts. Wir gehen geradeaus zum Elbdeich und folgen nicht dem nach links ausgeschilderten Radweg nach Boizenburg.

Elbdeich – Elbbrücke, 28 Minuten Gehzeit, 2300 Meter

Man kann auf dem Deich gehen oder am Elbufer. Falls der Weg durch Schafzäune versperrt ist, nehme man die Asphaltraße hinter dem Deich. Wir gehen nach rechts auf Lauenburg zu. Es gibt zahlreiche Badestellen und Picknickmöglichkeiten am Elbufer.

Elbbrücke – ① Ausgangspunkt, 41 Minuten Gehzeit, 2700 Meter

Man unterquert die Elbbrücke auf einem schmalen Pfad und geht nach rechts, anschließend nach links über die Stecknitzbrücke. Danach links wieder auf dem gleichen Weg wie vorhin in die Stadt Lauenburg hinein. Kurz darauf gehen wir nach rechts in den Großen Sandberg und danach links in eine schmale Treppe hinein (Askanierstufen). Wir erreichen nach steilem Anstieg den Fürstengarten, eine Parkanlage.

UTM-Wegepunkte:

①	32 U	06 02 484	59 14 789
②		06 05 499	59 15 138

Wir gehen nach links, mit Ausblick auf die Elbe. Man folgt dem Hauptweg weiter, passiert eine Altenbegegnungsstätte (rechts ein Hochhaus) und erreicht links die Stadtverwaltung, das ehemalige Schloss. Sich links haltend durchquert man den Hof, hat noch einmal einen weiten Blick über die Elbe und steigt dann nach rechts auf einem Pfad ab in Richtung Kirche. Man geht auf dem Wallweg und kommt zur Kirche, passiert diese und kommt zum Elbschiffahrtsmuseum, das links vor der Kirche liegt.

Wir gehen geradeaus, also nach rechts, weiter in die Elbstraße. Den Hinweis „Radweg zur Jugendherberge" ignorieren wir später und gehen geradeaus weiter, dem Hinweis Friedrich-Naumann-Stiftung folgend: Markierter Wanderweg Tour 1. Kurz darauf, am Gebäude der Polizei, Wasserschutzpolizei, Stadtarchiv, steigen wir auf in die Himmelstreppe. Oben gehen wir links „Zur Stadt". An der Ecke Blumenstraße/Albinusstraße gehen wir geradeaus. Kurz darauf gehen wir links ab in die Straße am Freibad, gehen über den Parkplatz und erreichen einen schmalen Pfad auf der Rückseite des Bades. Der Pfad kreuzt einen gepflasterten Weg. Wir gehen geradeaus weiter und erreichen kurz darauf, rechts aufsteigend, unseren Ausgangspunkt.

38. Duvenstedter Brook

Natur in Hülle und Fülle: Der Duvenstedter Brook ist ein einzigartiges Feuchtgebiet.

Wohldorfer Wald und Duvenstedter Brook sind imposante Naturgebiete mit sehr urtümlichem Charakter. Zahlreiche Feuchtwiesen, Todholz, die weite Natur und Tierbeobachtungsmöglichkeiten verleihen der Tour einen einzigartigen Reiz.

Charakter der Tour: Rundwanderung durch Wald und feuchte Steppe. Hundeverbot • **Beste Jahreszeit:** ganzjährig • **Reine Gehzeit:** 2 Stunden, 40 Minuten • **Streckenlänge:** 12,4 Kilometer • **Markierung:** örtlich • **Einkehren:** Gasthaus „Zum Bäcker“, Landhaus Ohlstedt • **Karten:** Topographische Karten Nr. 2226, 2227, 2326, 2327, 1:25 000 oder L 2326, 1:50 000 • **Ausgangspunkt** ist der Parkplatz an der U-Bahnstation Ohlstedt (Straße „Alte Dorfstraße/Westerfelde“. Zu erreichen über Timms Hege.) Von dessen Ende über einen breiten Pfad zur Straße Kupferredder. An der Schule vorbei, über die Kreuzung Mehlhop und in den Wohldorfer Wald hinein. Man kann auch in der Straße Kupferredder am Straßenrand parken, wenn der Parkplatz voll ist.

① Eingang Wohldorfer Wald – ② Infohaus, 30 Minuten Gehzeit, 2400 Meter

Nach 500 Metern kommen wir im Wald an einen auffälligen Abzweig nach links. Dort liegt ein Findling mit der Aufschrift

WWW und abbiegendem Pfeil mit Nr. 51. Wir gehen nach links durch den Laubwald. Wir passieren einen Findling mit der Aufschrift Porthunweg. Wir kreuzen einen Querweg, der mit Försterstieg beschriftet ist, und gehen geradeaus. An der nächsten Kreuzung gehen wir links. Rechts sehen wir die ersten Ausläufer des Flüsschens Ammersbek. Wir erreichen die nächste Kreuzung „Katerstieg" und gehen rechts. Rechts sehen wir wieder den kleinen Fluß. Am nächsten Querweg gehen wir rechts über eine Brücke und sofort links. Wir passieren das Wohldorfer Herrenhaus. Kurz darauf erreichen wir eine asphaltierte Querstraße. Links liegt das

UTM-Wegepunkte:

1	32 U	05 75 084	59 50 668
2		05 75 269	59 52 325
3		05 76 061	59 54 001
4		05 77 288	59 53 181
5		05 75 697	59 52 387

Gasthaus „Zum Bäcker“ (Einkehrmöglichkeit). Wir gehen rechts weiter auf der Asphaltstraße. Rechts sieht man noch einmal das Herrenhaus. Kurz darauf passieren wir die Straße Schäferkoppel. Rechter Hand liegt das Haus der Feuerwehr Wohldorf. Unmittelbar darauf gehen wir nach links in den Weberstieg. Hier ist das Informationshaus Duvenstedter Brook ausgeschildert. Wir erreichen das Infohaus. Man kann sich dort erkundigen, ob der Weg Grenzwall/Professormoor frei ist. Er ist ein Teil der Wanderstrecke.

② Infohaus – ④ Abzweig Forsthaus, 65 Minuten Gehzeit, 5300 Meter

Wir kommen an den Abzweig der Asphaltstraße Wiemerskamper Weg/Ecke Duvenstedter Triftweg. Wir gehen rechts in den Duvenstedter Brook hinein. Entweder auf dem Asphaltweg oder auf dem Fußweg rechts. Wir folgen ihm immer geradeaus, alle Abzweigungen ignorierend. Der Asphaltweg geht in einen Sandweg über. Fünf Minuten später zweigt vom Hauptweg nach links ein kleiner Pfad ab, der für Radfahrer gesperrt ist. Es geht durch ein kleines Drehkreuz Richtung Grenzwall und Professormoor. Wir gehen in diesen Pfad hinein. Wir folgen dem Pfad durch beeindruckende Feuchtgebiete. Wir erreichen eine Kreuzung. Der Weg geradeaus ist von März bis Ende Juli gesperrt. Wir gehen aber ohnehin planmäßig rechts. Über ein Drehkreuz verlassen wir den schmalen Pfad und stehen auf einem breiten Querweg. Dort steht ein Findling: Wanderweg 1. Wir gehen nach rechts. ③ 20 Minuten später erreichen wir eine Kreuzung. Kurz zuvor haben wir ein paar Tümpel passiert. An der Kreuzung gibt es gelbe Markierungen und einen Radweg. Wir gehen nach rechts, der gelben Markierung „oh“ nach. Bald kommen wir an einem Forsthaus vorbei. Kurz darauf, an einer Wegegabel, werden Fußgänger nach links geleitet. Wir gehen jedoch nach rechts auf den breiten Radweg.

④ Abzweig Forsthaus – ⑤ Abzweig Feldmark, 30 Minuten Gehzeit, 1500 Meter

Wir kommen an einer weiteren Försterei vorbei und erreichen bald darauf unseren Abzweig „Professormoor“ von vorhin wieder. In der Rechtskurve, 500 Meter weiter, wechseln wir auf den parallel zur Straße laufenden Fußweg am Waldrand. Ein Weg zweigt nach links in die Feldmark ab.

⑤ Abzweig Feldmark – Wegegabel im Wald, 15 Minuten Gehzeit, 1000 Meter

Wir gehen nach links. Kurz darauf erreichen wir im Wald wieder die hier durch ein Wehr aufgestaute Ammersbek, gehen auf dem Asphaltweg nach links über eine Brücke und danach sofort nach rechts in den Wald auf einen Wanderweg. Bald sind wir wieder im Wohldorfer Wald. Kurz darauf überqueren wir einen Bach und stehen mitten im Wald vor einem Zaun, dem Waldfriedhof Wohldorf. Wir gehen rechts, vom Friedhof weg, Ausschilderung: „OH, gelber Pfeil“. An der nächsten Gabel folgen wir nicht mehr dem Pfeil nach links sondern gehen geradeaus.

Wegegabel - ① Ausgangspunkt, 20 Minuten Gehzeit, 1600 Meter

Der Wanderweg wendet sich nach rechts und vereinigt sich bald darauf mit einem von links kommenden Weg. Wir gehen nach rechts an einem Findling mit der Aufschrift Bollberg vorbei und passieren die Hamburgische Revierförsterei Wohldorf. Wir erreichen wieder die Pflasterstraße, unsere Eintrittsgasse in den Wald und gehen nach links. Nach zehn Minuten sind wir entweder am Ausgangpunkt Kupferredder oder weitere fünf Minuten später am PR-Parkplatz Ohlstedt, wo man im nahegelegenen Landhaus einkehren kann.

Wild-romantische Pfade durchziehen den Duvenstedter Brook.

39. Haseldorfer Marsch

Der weite Elbstrand in der Haseldorfer Marsch bietet zahlreiche ruhige Rastplätze.

Eine Wanderung zwischen Großstadt und ländlichem Raum: Die Haseldorfer Marsch ist ein naturbelassenes Gebiet, das durch einen Deich von der Elbe abgetrennt ist. Vom Elbdeich aus bieten sich grandiose Ausblicke sowohl auf den Fluss als auch auf die Marsch. Es gibt zahlreiche Picknickmöglichkeiten am Elbstrand. Als Abstecher bietet sich der Schlosspark Haseldorf an. Man parkt dazu am Feuerwehrgerätehaus Haseldorf. Von dort geht man über die Straße in den Weg „Am Park“, dann rechts in den Park hinein (nicht geradeaus dem Pfad folgen). Anschließend nimmt man den Fahrweg zum Schloss. Vor dem Schloss folgt man rechts dem Pfad entlang des Wassergrabens. Nach 20 Minuten ist man wieder am Parkplatz.

Charakter der Tour: Lange Streckenwanderung (mit Bustransfer) auf dem Elbdeich zwischen Wedel und Scholenfleth. Im Sommer ist der Weg durch den Kot dort weidender Schafe verdreckt. Die Busse fahren werktags im Stundentakt, am Wochenende deutlich eingeschränkte Taktung. Infos über www.hvv.de, Tel (0 40) 1 94 49
Beste Jahreszeit: ganzjährig • **Reine Gehzeit:** 3 Stunden, 20 Minuten • **Streckenlänge:** 15,3 Kilometer • **Markierung:** keine • **Einkehren:** Schulauer Fährhaus, Gasthaus Fährmannssand, Café Hetlinger Schanze • **Karten:** Topographische Landkarten Nr. 2323, 2324, 2424,

2423 1:25 000 oder L 2522, L 2322, L 2324, L 2424 1 : 50 000 ● **Ausgangspunkt** ist der Parkplatz am kleinen Hafen in Haseldorf Scholenfleth. Man erreicht ihn, wenn man in Haseldorf, von Holm kommend, weiter durch den Ort fährt. In Scholenfleth biegt man in einer Rechtskurve – kurz hinter dem links liegenden Hotel Am alten Elbdeich – beim Schlachter links ab und folgt der Beschilderung Hafen.

① Ausgangspunkt – ③ Schulauer Fährhaus, 25 Minuten Gehzeit, 2000 Meter

Vom Hafen geht man fünf Minuten den gleichen Weg zurück, am Fleischer vorbei zur Bushaltestelle Scholenfleth. Mit dem Bus kommen wir nach 25 Minuten Fahrzeit zur Haltestelle S-Bahn in Wedel. ② Wer den Wedeler Roland besichtigen möchte, geht ein Stück zurück auf der Strecke der Busfahrt. Ansonsten gehen wir nach rechts über den Rathausplatz in die Bahnhofstraße hinein und folgen dieser. An der ersten großen Kreuzung gehen wir geradeaus weiter in die Straße Rollberg. An der nächsten Kreuzung gehen wir an einer Bushaltestelle nach rechts. Dort ist bereits Willkomm Höft ausgeschildert (Schulauer Fährhaus). Bald erreichen wir das Schulauer Fährhaus, das einen Besuch wert ist. Es gibt eine Terrasse, ein kleines Museum sowie eine Schiffsbegrüßungsanlage. Rechts steht ein Fischbrötchenstand, an dem man ebenfalls kurz Halt machen kann.

③ Schulauer Fährhaus - Fährmannsand, 55 Minuten Gehzeit, 3600 Meter

UTM-Wegepunkte:

①	32 U	05 37 869	59 43 111
②		05 46 613	59 37 187
③		05 46 581	59 35 837

Wir gehen nach rechts auf dem Strandweg entlang, passieren noch ein Lokal und biegen unmittelbar hinter dem Deichdurchlass links ein in die Deichstraße, Richtung Hamburger Yachthafen. Wir nehmen links den Weg auf dem Deich, kreuzen kurz darauf wieder die Straße, verlassen den Deich hinter der Halle 4 nach links und gehen auf den Yachthafen zu. Am Beginn des Hafenbeckens gehen wir rechts, passieren das Lokal „Tonne 122“, wenden uns nach links und verlassen den Hafenbereich bei einer Schranke. Wir biegen rechts ab, Richtung Wedel und gehen kurz darauf durch eine Tür im Zaun nach links wieder auf den Deich. Nach links überqueren wir ein Sieltor und wandern auf dem Deich nach Nordwesten. Links, auf der anderen Elbseite, sind weit hinten bereits die Anlagen des inzwischen abgeschalteten Atomkraftwerkes Stade zu sehen. Einkehrmöglichkeit rechts unten am Deich im Fährmannssand, Montag, Dienstag Ruhetag. Brotzeitkarte, Kuchen.

Fährmannssand – Hetlinger Schanze, 65 Minuten Gehzeit, 4900 Meter.

10 Minuten später kann man rechts zur Vogelschutzstation Wedeler Marsch gehen und dort Wasservögel beobachten. 20 Minuten später sehen wir rechts die Kläranlage Hetlingen. Dort gibt es Ruhebänke und ein Aussichtstürmchen. 10 Minuten danach gehen wir nach links vom Deich abwärts und erreichen über einen Pfad den Elbsandstrand. Wir gehen am Strand nach rechts. Hier gibt es Möglichkeiten, Rast zu machen und Proviant zu verzehren. Auf dem Strand wandert man weiter bis kurz vor einen kleinen Bootshafen. Etwa auf Höhe des großen Strommastes gehen wir nach rechts wieder auf den Deich. Wir haben die Hetlinger Schanze erreicht, einst eine dänische Festungsanlage gegen Hamburg. Dahinter liegt ein bäuerliches Anwesen mit Café, zu dem man nach fünf Minuten kommt. (nur am Wochenende nachmittags geöffnet, Brotzeit, Kuchen.)

Hetlinger Schanze – (1) Hafen Scholenfleth, 55 Minuten, 4800 Meter

Am Elbdeich gehen wir nach rechts weiter. Vor dem Deich der Hetlinger Schanze gibt es weitere Möglichkeiten, an den Sandstrand zu gehen. Links sieht man wieder das Atomkraftwerk, dahinter Industrieanlagen. Wir überqueren eine Straße, die unseren Weg über den Deich kreuzt, bleiben aber auf der Deichkrone. Hinten, auf der rechten Seite des Deiches, sieht man bereits ein Gebäude. Es gehört zum Hafenbereich Scholenfleth, wo unser Auto steht.

40. Sachsenwald

Fast wie im Urwald: Der Sachsenwald ist die grüne Lunge Hamburgs.

Ausgedehnte Waldwanderung durch den Sachsenwald und das Billetal rund um Friedrichsruh, dem Alterssitz Otto von Bismarcks. Ein Museum und die Grabstätte Bismarcks können besichtigt werden. Lohnenswert ist auch der Schmetterlingsgarten.

Charakter der Tour: Leichte Rundwanderung auf unbefestigten Waldwegen • **Beste Jahreszeit:** ganzjährig möglich • **Reine Gehzeit:** 3 Stunden, 20 Minuten • **Streckenlänge:** 12,2 Kilometer • **Markierung:** örtlich wechselnde Markierungen • **Einkehren:** Forsthaus Friedrichsruh, Restaurant Bismarckmühle • **Karten:** Topographische Landkarten Nr. 2427, 2428, 1:25 000 oder L 2526, L 2528, 1:50 000 • **Ausgangspunkt** ist die Rückseite des Bahnhofs Aumühle auf einem P+R-Parkplatz. Alternativ gibt es einen Parkplatz auf der gegenüberliegenden Straßenseite in Wanderrichtung.

① Parkplatz – ② Schloß Friedrichsruh, 34 Minuten Gehzeit, 2250 Meter

UTM-Wegepunkte:

①	32 U	05 87 097	59 32 049
②		05 88 840	59 32 031
③		05 89 469	59 33 264
④		05 87 900	59 35 221

Den Bahnhof im Rücken überqueren wir die Hauptstraße geradeaus und gehen dann in der Senke nach rechts, Richtung Friedrichsruh. Nach 400 Metern passieren wir den Lokschuppen der Museumsbahn Aumühle, halten uns links, gehen über eine Brücke und danach rechts weiter. Ausschilderung: Bismarckmuseum. Nach 1200 Metern erreicht man die ersten Häuser von Friedrichsruh. Wer einen Abstecher zum Garten der Schmetterlinge (Eintrittsgebühr) machen möchte, geht geradeaus weiter und kommt dann wieder zurück. Sonst geht man hinter dem Parkplatz auf dem Asphaltweg nach rechts. An der nächsten Querstraße gehen wir links. Am Bahnübergang kann man nach rechts zum Bismarckmausoleum gehen (gebührenpflichtig). Ansonsten gehen wir nach links an der Backsteinmauer entlang. Straße: Am Museum. Kurz darauf erreichen wir rechts das Bismarckmuseum (gebührenpflichtig).

(2) Schloss – Revierförsterei, 46 Minuten Gehzeit, 2900 Meter

Mit dem Rücken zum Schloss gehen wir nach rechts in den Ödendorfer Weg hinein. Links liegt das Forsthaus Friedrichsruh (Einkehrmöglichkeit). Man passiert das Forsthaus und nimmt kurz darauf den ersten nach links in den Wald abzweigenden Pfad. Er ist nicht markiert. Nach einigen Schritten im Wald sehen wir rechts an einem Baum die Markierungen 4 und 2. Wir überqueren eine Kreuzung von Waldwegen. Kurz darauf erscheinen wieder die Markierungen 2 und 4. Wir erreichen eine Kreuzung, wobei der Weg geradeaus schräg nach rechts abknickt, und gehen nach links. Die Markierung 2 weist nach links auf die Fahrstraße zu. (3) Wir überqueren kurz darauf die Fahrstraße und gehen geradeaus, Straße Witzhaver Viert. Die Revierförsterei Aumühle ist ausgeschildert. An einer großen Kreuzung im Wald gehen wir rechts, der Ausschilderung „Revierförsterei 410 m" folgend. Der Wanderweg 2 knickt nach links ab. Noch vor vollständiger Durchquerung der Försterei, etwa 50 Meter vor dem nach rechts abzweigenden Hauptweg, auf Höhe des Hauses Nummer 3, biegen wir nach links in einen schmalen Pfad in den Wald ab.

Abzweig – Doktorbrücke, 39 Minuten Gehzeit, 2700 Meter

Der Pfad ist im Wald mit einem gelben Pfeil gekennzeichnet. Wir erreichen an einer Kreuzung wieder einen breiten Hauptwanderweg und gehen nach links. Wir folgen diesem Weg über eine breite Kreuzung hinweg geradeaus. Wir erreichen ein Wege-T. (4) Vor uns ein Schild „Naturschutzgebiet" und die Andreaskreuzmarkierung x. Wir gehen nach links auf dem schmalen Pfad oberhalb des Steilufers der Bille. Der markierte Fernwanderweg knickt nach links ab. Wir gehen geradeaus weiter, immer in Sichtweite der Bille. Wir erreichen rechter Hand die Doktorbrücke, die die Bille überquert. Wir gehen jedoch auf dem diesseitigen Ufer geradeaus weiter und folgen immer dem Weg an der Bille entlang.

Doktorbrücke – Fürstenbrücke, 40 Minuten Gehzeit, 2300 Meter

30 Minuten später erreichen wir die nächste Brücke und gehen weiter geradeaus. Wir passieren die Fürstenbrücke,

lassen sie rechter Hand liegen und gehen weiter auf dem Uferrandweg, jetzt markiert mit 1 und 3

Fürstenbrücke – ① Ausgangspunkt, 40 Minuten Gehzeit, 2000 Meter

An einem querverlaufenden Zaun schwenken wir vom Billeufer nach links ab. Kurz darauf ist der Zaun rechts neben uns. Wir gehen rechts. Bald darauf erreichen wir einen breiten Wanderweg als Querweg und gehen auf ihm nach rechts, immer noch den Zaun rechter Hand. Geradeaus gehend, stoßen wir auf die Markierung x sowie 1 und 3. Der Zaun knickt nach rechts ab. Kurz darauf treten wir aus dem Wald heraus. Wir erreichen das Restaurant Bismarckmühle (Einkehrmöglichkeit) und gehen links weiter. Wir überqueren die Straße an einer Fußgängerampel, halten uns links und sind beim Parkplatz.

Der Wanderweg verläuft zeitweise hoch über dem Tal der Bille.

41. Blankenese – Cranz

Italien in Hamburg: Treppe im Römischen Garten.

Wanderung auf beiden Seiten der Elbe: Verbunden durch eine reizvolle Schiffspassage führt der Weg zunächst über die steilen Hänge des nördlichen Elbufers durch bewaldete Parklandschaften, über die Treppen Blankeneses zum Bootsanleger an der Elbe hinunter. Danach, auf der Südseite der Elbe, ist das Alte Land ein beliebtes Wandergebiet im Großraum Hamburg. Es ist bekannt für seine endlosen Obstplantagen, die auch außerhalb der Kirsch- und Apfelblüte reizvoll sind. Es gibt zahlreiche Picknickmöglichkeiten auf beiden Seiten der Elbe, auf der Hamburger Elbseite sogar Bademöglichkeiten.

Charakter der Tour: Zwei Rundwanderungen, die durch zwei Elbüberquerungen miteinander verbunden sind. Überwiegend auf unbefestigten Wegen. Die Fahrpläne der Fähren sind im Internet unter www.hadag.de nachzulesen. Telefonische Auskunft unter (0 40) 3 11 70 70. • **Beste Jahreszeit:** Frühjahr und Herbst wegen der Aussicht durch die dann unbelaubten Bäume. Im Mai Kirschblüte, im Juni Apfelblüte • **Reine Gehzeit:** 3 Stunden, 30 Minuten, plus 50 bis 60 Minuten Schiffspassagen • **Streckenlänge:** 16,2 Kilometer • **Markierung:** zeitweise Andreaskreuz (X) • **Einkehren:** in Blankenese und Cranz zahlreiche Einkehrmöglichkeiten, besonders am Schiffsanleger und am Drehpunkt der Wanderung im Alten Land das Gasthaus

Rademacher; am Ausgangspunkt/Endpunkt Gasthaus Falkenstein ● **Karten:** Topographische Landkarten Nr. 2424, 2425, 2524, 2525, 1 : 25 000 oder L 2524, 1 : 50 000 ● **Ausgangspunkt** ist ein Parkplatz an der Ecke Falkensteiner Weg - Grotiusweg in Hamburg-Blankenese. Man erreicht ihn über die Elbchaussee, Blankeneser Landstraße und Kösterbergstraße. Parken im Bereich der Bushaltestelle Falkenstein. Dort ist auch ein Lokal mit Biergarten.

① Bushaltestelle – ② Römischer Garten, 18 Minuten Gehzeit, 1300 Meter

Von der Bushaltestelle gehen wir nach rechts in Richtung „Süllbergterrassen, Römischer Garten“. Wir folgen dem Asphaltweg talwärts. Kurz vor dem Erreichen eines Wohngebiets zweigt ein kleiner Weg nach links ab. An einem Baum erinnert ein Kreuz an einen tödlich verunglückten Radfahrer. Wir nehmen den Weg nach links.
Der Weg führt am ersten Haus nach links leicht ansteigend vorbei und schlängelt sich in Serpentinen nach oben. Er ist bald wieder asphaltiert. Kurz darauf geht es nach rechts. Wir folgen dem Andreaskreuz mit Pfeil nach rechts und befinden uns wieder auf einem unbefestigten Pfad. Nach 13 Minuten kommen wir oberhalb des Hauses vorbei, an dem der Weg zuvor nach links abknickte. Das Andreaskreuz taucht wieder auf. Wir folgen immer dem Hauptweg. Rechts ist durch die Bäume die Elbe zu sehen. Etwas später lichtet sich der Wald. Wir sind jetzt 18 Minuten unterwegs. Der Weg öffnet sich zu einem breiteren Weg. Wir erreichen den Römischen Garten, eine toskanische Anlage aus dem 19. Jahrhundert. Ein Rundgang ist lohnenswert.

② Römischer Garten – ③ Marine-Gedenkstein, 22 Minuten Gehzeit, 1600 Meter

Wir verlassen den Garten auf dem gleichen Weg, auf dem wir ihn betreten haben und halten uns links. Wir gehen eine Treppe hinunter und erreichen unten das Falkensteiner Ufer. Wir gehen nach links die Elbe entlang. Am Sandstrand sind skurrile Anleger und Schiffreste zu betrachten. Wir gehen nach links in den Falkentaler Weg hinein. Auf Höhe des Hauses mit der Nummer 12 auf der rechten Seite führt eine Treppe zum Bismarckstein empor. Der Weg steigt an, wieder begegnet uns die Markierung mit dem Andreaskreuz. An einem Wege-T folgen wir dem Andreaskreuz nach links, unmittelbar darauf gehen wir nach rechts über eine kleine

Treppe. Am nächsten Wege-T halten wir uns rechts. Kurz darauf folgen wir einer längeren Treppe nach links aufwärts. Wir erreichen ein Plateau mit einem Gedenkstein für die Gefallenen der Marine.

UTM-Wegepunkte:

①	32 U	05 51 625	59 35 605
②		05 52 077	59 35 038
③		05 52 655	59 35 008
④		05 53 313	59 34 443
⑤		05 52 388	59 32 074
⑥		05 49 128	59 31 639
⑦		05 49 469	59 33 309

③ Marine-Gedenkstein – ④ Schiffsanleger Blankenese, 20 Minuten Gehzeit, 1300 Meter

Wir umrunden den Gedenkstein und steigen die nächste Treppe hinauf. Wieder sehen wir das Andreaskreuz, diesmal in Schwarz. Geradeaus gehen wir am Bismarckstein (Leuchtturm) vorbei auf einen Findling zu, der an den letzten Alt-Blankeneser Gemeindevorsteher erinnert. Wir folgen rechts der Treppe hinab (Andreaskreuz). Am Ende der Treppe gehen wir auf einem Asphaltweg links weiter und wenden uns in der Spitzkehre nach rechts. Wir folgen kurz einem Weg mit dem Hinweis „Süllberg“, gehen aber nicht durch das Tor mit der gleichen Aufschrift zum Restaurant. Wir nehmen stattdessen links den schmalen Pflasterweg, der abwärts führt. Wir erreichen Bornholdts Treppe und steigen auf ihr links hinab. Wir haben eine schöne Aussicht auf das Süllbergviertel mit seinen malerischen Häusern. In der Hans-Lange-Straße gehen wir rechts. Unten angekommen gehen wir zunächst wieder rechts, dann sofort links und vor Krögers Treppe nach rechts. Wir sind jetzt in der Blankeneser Hauptstraße und folgen dieser bis zum Restaurant Ahrberg. Links daneben liegt der Schiffsanleger, Ausgangspunkt für die Schiffahrt nach Cranz. (4) Rechts in der Elbe liegt der Neßsand, links das Airbus-Gelände. Wir nehmen das Schiff Richtung Cranz oder Neuenfelde.

(5) Schiffsanleger Neuenfelde – (6) Gasthaus Rademacher, 49 Minuten Gehzeit, 4000 Meter

Bei Niedrigwasser fährt das Schiff nur bis zum Anleger Neuenfelde. Die Überfahrt dauert etwa 30 Minuten. Wer bei Hochwasser bis zum Anleger Cranz fahren kann, liest im Text ab Cafégarten weiter. Wir gehen über die Fahrstraße, lassen die Brücke und das Sperrwerk links liegen und folgen einem unbefestigten Weg am Esteufer entlang. Links liegt eine Werft. Auf diesem Weg, immer am Ufer entlang, erreicht man den Ortseingang von Cranz. Wir gehen nach links auf dem Deich (Hochwasserschutzanlage) weiter und passieren den Abzweig zum Fähranleger mit dem Cafégarten „Altes Fährhaus“. Wenn man von dort kommt, geht man links auf den Deich, ansonsten gehen wir geradeaus.

Kurz darauf lohnt sich ein Abstecher zum alten Estesperrwerk nach links. Wir überqueren die Straße Estebogen und gehen weiter auf dem kurzzeitig flach verlaufenden Deichweg geradeaus. 100 Meter weiter erreichen wir den Ortsteil Königreich der Gemeinde Jork und sind in Niedersachsen. Beim Gasthaus Rademacher (6) mit Bier- und Cafégarten (Einkehrmöglichkeit) verlassen wir den Deich, überqueren die Straße und gehen nach rechts in die Wellenstraße. Die jetzt asphaltierte Straße ist als Radwanderrundweg, Landkreis Stade, R 11, ausgeschildert.

(6) Gasthaus Rademacher – (5) Anleger Neuenfelde, 1 Stunde, 10 Minuten Gehzeit, 5500 Meter

Wir passieren das Ortsendeschild von Königreich und gehen auf der Straße nach Norden durch die Obstplantagen. Wir erreichen die Fahrstraße und folgen ihr nach rechts Richtung „Hamburg-Cranz 2 km“. Vor uns liegt bereits der Elbdeich, den wir bei nächster Gelegenheit über eine Treppe besteigen (7) und uns nach rechts wenden. Links liegt die Jugendstrafanstalt Hahnhöfer Sand. Am Elbufer gibt es zahlreiche Picknickstellen. Rechts unten verläuft die

Fahrstraße. An etlichen Ständen wird immer wieder Obst und Marmelade verkauft. 30 Minuten nach Besteigen des Deiches passieren wir das Ortsschild Hamburg mit Zusatzschild Cranz. 15 Minuten später sind wir wieder am Anleger. Von dort fahren wir mit dem nächsten Schiff nach Blankenese zurück.

④ Schiffsanleger Blankenese – ① Ausgangspunkt, 35 Minuten Gehzeit, 2500 Meter

Vom Anleger in Blankenese wenden wir uns am Elbufer nach links. Wir gehen auf einem Betonweg. Picknick- und Bademöglichkeiten sowie etliche Einkehrmöglichkeiten begleiten uns. Nach 25 Minuten kommen wir am Wasserwerk Falkenstein vorbei. Kurz darauf, auf der Höhe eines Kiosks, erreichen wir wieder den Falkensteiner Weg und gehen nach rechts. Es folgt ein steiler Anstieg, der uns in neun Minuten zum Ausgangspunkt zurückführt.

Im Alten Land stehen viele hübsche Fachwerkhäuser.

42. Fischbeker Heide

Wie man sich die Heide vorstellt: Das Fischbektal ist Teil der Lüneburger Heide.

Die Fischbeker Heide ist eine typische Heidelandschaft und nördlicher Teil der Lüneburger Heide. Die Wanderung bietet den bestechenden Abwechselungsreichtum von Wald, Heide, Niederwald, Steppe und Grabhügeln. Besonders schön ist das weite Fischbektal.

Charakter der Tour: Streckenwanderung mit Bustransport, Info: www.hvv.de oder (0 40) 1 94 49. Orientierung nicht immer einfach. • **Beste Jahreszeit:** ganzjährig, Heideblüte im August • **Reine Gehzeit:** 2 Stunden, 15 Minuten • **Streckenlänge:** 10,3 Kilometer • **Markierung:** örtliche Markierungen, Andreaskreuz • **Einkehren:** Waldschänke am Heidefriedhof Neugraben • **Karten:** Topographische Landkarte Nr. 2525, 1 : 25 000 oder L 2524 • **Ausgangspunkt** ist der Parkplatz Rostweg/Schnuckendrift im Hamburger Stadtteil Fischbek. Man erreicht ihn von der B 73 Hamburg – Cuxhaven. Wir parken auf dem Seitenstreifen an der Straße Schnuckentrift.

① Ausgangspunkt – Waldschänke, 35 Minuten Gehzeit, 2300 Meter

Wir gehen zurück in den Rostweg. Die Bushaltestelle Linie 140 befindet sich an ihrem Ende. Wir fahren mit dem Bus zur S-Bahnstation Neugraben. Dort umsteigen, entweder in die S-Bahn zur nächsten Station Neuwiedenthal, dann links über die Cuxhavener Straße oder mit dem Bus Linie 141 zur Haltestelle Opferberg. Von dort rechts in den Scharpenbargsweg. An dessen Ende (rechts Parkplatz) ② wenden wir uns auf dem unbefestigten Waldweg dem Mischwald zu. Wir gehen auf einem Pfad mit der Markierung 8 nach rechts. Nach 250 Metern, an der ersten Wegegabel, gehen wir wieder rechts. Wir erreichen eine erste Anhöhe und halten uns danach leicht links, überqueren eine weitere Anhöhe und gehen geradeaus in die Senke hinunter. Wir erreichen den Falkenberg, eine Ringwallanlage. Der Aufstieg lohnt nur im Frühjahr und Herbst. Durch den Bewuchs ist im Sommer keine Aussicht möglich. Wir gehen nach links.

Nach 10 Minuten erreichen wir eine sternförmige Wegekreuzung. Den mit 8 gekennzeichneten Weg ignorieren wir. Wir nehmen den schmalen Weg rechts daneben, der links ansteigend in den Hang hinein führt. Den nach rechts verlaufenden breiteren Weg ignorieren wir ebenfalls. Kurz darauf kommt die Markierung 8 wieder. An der nächsten Gabel halten wir uns rechts und gehen über eine Wiese. Rechts liegen Häuser der Siedlungen Falkenberg, Rhenania und Waldfrieden. Sie begleiten uns auf dem nächsten Kilometer. Wir gehen auf dem nicht markierten Weg am Waldsaum entlang. An einer Gabelung gehen wir nach links, der Markierung 8 folgend. An der nächsten Gabel gehen wir links auf den Hauptweg. Wir überqueren einen von rechts kommenden breiten Feld- und Waldweg und gehen geradeaus weiter, nach wie vor rechter Hand Häuser. Wir passieren die nächste größere Kreuzung und bleiben geradeaus auf dem Hauptweg. Wir gehen bald danach links auf den Weg mit der Nr. 7 über eine Wiese. Kurz darauf erreichen wir den Heidefriedhof und gehen nach rechts. Wir passieren die Waldschänke (Einkehrmöglichkeit).

Waldschänke – ③ Moisburger Stein, 20 Minuten Gehzeit, 1300 Meter

Wir gehen nach links am Wendehammer der Busse vorbei, am Zaun des Friedhofs entlang. Rechts liegt eine Wiese. Ausschilderung: Wildpark Schwarze Berge. Am Ende des Heidefriedhofs gehen wir geradeaus und nicht mehr auf dem Weg 7, rechts immer noch die Wiese. Wir erreichen eine große Kreuzung. Nach links geht es zum Wildpark/ Freilichtmuseum. Wir gehen nach rechts aus dem Wald heraus, Markierung gelber Pfeil. Nach wenigen Metern sehen wir wieder die Markierung 7. Ein Weg, der für Reiter verbo-

ten ist, zweigt kurz darauf nach links ab, wir bleiben geradeaus auf dem mit 7 gekennzeichneten Weg. An der nächsten Gabel gehen wir geradeaus, der Markierung gelber Pfeil folgend. Wir erreichen schließlich die Kreuzung Moisburger Stein. Es handelt sich um einen alten, behauenen Grenzstein des Amtes Moisburg.

UTM-Wegepunkte:

①	32 U 05 55 547	59 24 537
②	05 58 072	59 24 870
③	05 57 563	59 21 791
④	05 57 032	59 21 998
⑤	05 56 736	59 21 858
⑥	05 56 499	59 22 124

③ Moisburger Stein – ④ Grabhügel, 15 Minuten Gehzeit, 1100 Meter

Von hier halten wir uns scharf rechts in den Wald hinein, der Markierung gelber Pfeil folgend. Nach wenigen Metern im Wald kommt die Markierung 7. Wir gehen links auf dem Hauptweg weiter. Fünf Minuten später, am nächsten größeren Wegestern, gehen wir geradeaus und dann halbrechts, der gelben Pfeilmarkierung folgend. Wir kommen zur

Waldsiedlung „Bei den Heidehütten“. Wir erreichen einen querverlaufenden Weg. Links ein Schild mit dem Hinweis „Privatweg, Benutzung auf eigene Gefahr“. Diesen Weg nehmen wir später. Es lohnt sich jedoch zuvor, einen Abstecher nach rechts zu machen. Wir erreichen über die Markierung 6/7 ein sehenswertes Grabdenkmäler-Feld und machen einen kurzen Rundgang.

(4) Grabhügel – (6) Teich, 10 Minuten Gehzeit, 900 Meter

Anschließend gehen wir zur Waldsiedlung zurück und gehen in den Privatweg hinein. Wir erreichen eine Kreuzung. Links sehen wir die Markierungen 5/6/7. Weiter links liegt eine Wiese. (5) Wir gehen nicht auf die Wiese hinaus, sondern nach rechts und unmittelbar darauf nach links. Dort sehen wir die Markierung 5. Der Weg ist mit Fischbektal ausgeschildert. Wir kommen in einen etwas lichteren Wald, anschließend auf einen Sandweg. Wir erreichen einen Teich und haben den Beginn des langen Fischbektals erreicht.

(6) Teich – (1) Ausgangspunkt, 55 Minuten Gehzeit, 4700 Meter

Wir gehen rechts auf dem Wanderweg. Wir kommen an eine Kreuzung. Der Wanderweg Nr. 5 zweigt nach rechts ab. Wir gehen geradeaus und stoßen kurz darauf auf die Markierung 3. Wir folgen immer der 3. Es lohnt sich jedoch, einige Abstecher nach links zu machen, um gelegentlich von höheren Stellen über die Heidelandschaft zu blicken. Am Ende gehen wir über den Waldparkplatz nach rechts in die Straße Schnuckendrift zu unserem Ausgangspunkt zurück.

Die Fischbeker Heide bietet immer wieder überraschende Landschaftswechsel.

Wandern mit Unterstützung durch das Globale Positionierungs-System (GPS)

Seit einigen Jahren hält in der Automobilindustrie eine Technik Einzug, die über ein satellitengestütztes Erkennungssystem die Position des Fahrzeugs genau angeben kann. Diese Satelliten-Navigation, die mit Erfolg auf Schiffen eingesetzt wird, kann man auch bei Wanderungen verwenden. Man benötigt dafür ein einfaches Handgerät, das im Fachhandel erhältlich ist.
Für das Wandern ist es wichtig, dass die verwendeten Lagepositionen und Ortsbestimmungen im Bezugssystem World Geodetic System 1984 (WGS 84) mit der Universalen-Transversalen-Mercatorprojektion (UTM) erfolgen und in das Gerät von Hand eingegeben werden können.

In diesem Wanderbuch sind in den Begleitkarten Wegepunkte eingezeichnet (Abbildung unten), die durch UTM-Werte eindeutig bestimmt sind. Sie können nach Eingabe der Koordinaten dieser Punkte in das Handgerät auf wenige Meter genau an diese vermessenen Punkte auf der Wanderung gelangen. Größere Abweichungen von mehr als 20 Metern ergeben sich allerdings bei Messungen unter Hindernissen (z.B. Bäumen), unter wolkenverhangenem Himmel oder bei Regen.

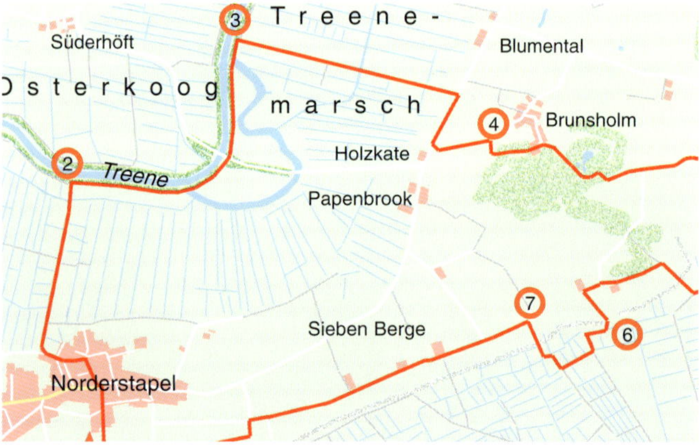

Tragen Sie die jeweiligen UTM-Koordinaten aus dem Buch gemäß der Gebrauchsanweisung Ihres Navigationsgerätes unter UTM ein. Das Gerät zeigt Ihnen Wegepunkt für Wegepunkt an. An der Anzeige des momentanen Standortes im Bildschirm des Gerätes (Abbildung rechts) erkennen Sie, ob Sie sich dem nächsten Punkt nähern. Sie können so Ihren Wegeverlauf auf den Karten im Wanderbuch verfolgen.

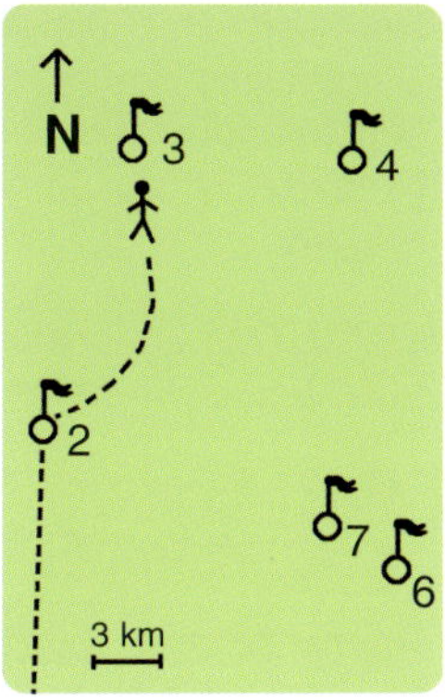

Wenn Sie neben dem Wanderbuch mit Landkarten arbeiten wollen, achten Sie beim Kauf darauf, dass es sich um eine Landkarte mit UTM-Gitternetz handelt. Die amtlichen topographischen Karten des Landesvermessungsamtes verfügen in ihren 1:25 000er oder 1:50 000er Ausgaben über ein solches Gitternetz. Die amtlichen Wanderkarten des Landesvermessungsamtes werden ab Herbst 2005 ebenfalls mit einem GPS-Gitternetz versehen. Achten Sie beim Kauf von topographischen Karten auch auf einen Bearbeitungsstand, der nicht älter als 4 Jahre sein sollte (Aktualisierungsrhythmus der amtlichen Karten ist 3 Jahre).

Beispiele für die Handhabung:

Voraussetzung für die Lagebestimmung mit GPS ist die Einstellung des richtigen Bezugssystems (Kartendatum).

Für unsere Wanderungen verwenden wir als Kartendatum das World Geodetic System 1984 (WGS 84), das auch den aktuellen „Landkarten" als Bezugssystem zugrunde liegt.

Erläuterung für die Handhabung:

Beim UTM-System ist die Erdkugel in 60 je 6 Grad breite Streifen von Nord nach Süd unterteilt. Parallel zum Äquator sind nach Norden und Süden Breitenbänder zu je 8° Breite festgelegt worden, die mit Buchstaben bezeichnet werden (am Äquator nach Norden mit N beginnend). Nach dieser Einteilung liegt Schleswig-Holstein im Zonenfeld 32 U, das für alle Wanderungen dieses Buches somit gleich ist.

Des weiteren unterscheidet man einen Ost- und einen

Nordwert. Der Ostwert ist der metrische Abstand zu der Bezugslinie jedes Streifens. Diese Bezugslinie ist der Mittelmeridian (im Streifen 32 der 9° Längengrad). Der Nordwert ist der senkrechte Abstand eines Punktes vom Äquator.

Eine UTM-Lagebezeichnung im System WGS 84 erscheint auf Ihrem GPS-Gerät wie folgt:

32 U 05 16 770
60 25 856

Hierbei ist **32 U** das Zonenfeld,
05 16 770 der Ostwert in Metern und
60 25 856 der Nordwert, ebenfalls in Metern.

Wir befinden uns also 516 km und 770 m östlich des 9° Längengrades und 6025 Km und 856 m nördlich des Äquators.

Die Km-Werte 516 und 6025 finden wir an den Kartenrändern wieder. Sie bezeichnen die eingedruckten Gitterlinien.

Unser Beispiel befindet sich auf der Karte L 1720, Friedrichstadt, 1:50 000.

Der Wert 32 U bezeichnet die Gitterzone und ist für alle Wanderungen dieses Buches gleich. Die Ziffern 05 und 60 geben die 100-km-Quadratbezeichnung an und sind für die Bestimmung des Standortes ebenfalls unerheblich.

In der Nähe von Heide und Eutin stoßen jeweils vier 100-km-Quadrate zusammen, sodass in Schleswig-Holstein Ostwerte mit 04, 05 und 06 und Nordwerte mit 59, 60 und 61 auftreten.

Die Ziffern 16 und 25 bezeichnen das Planquadrat in der Karte. 16 ist dabei der Ostwert, 25 der Nordwert. Vom Ostwert wird nach rechts gezählt, vom Nordwert nach oben.

Die Ziffern 7 und 8 geben 100 Meter-Schritte an, die Ziffern 7 und 5 sind 10-Meter-Schritte, die Ziffern 0 und 5 die Meterschritte.

Der UTM-Wert 32 U 05 16 770 / 60 25 856 bezeichnet also einen Punkt, der im Zonenfeld 32 U liegt (Deutschland und Dänemark), auf dem Kartenblatt mit den Werten 05 und 60 innerhalb eines definierten 100-Kilometer-Quadrats liegt und der auf unserer Karte, in diesem Fall L 1720 Friedrichstadt, im Planquadrat 16/25 liegt. Und zwar 770 Meter von der Linie 16 nach Osten und 856 Meter nach Norden.

In der 50 : 000er Karte misst ein Planquadrat zwei Zentimeter im Quadrat. Dies entspricht einem Kilometer in der Wirklichkeit. In der Karte sind 100 Meter demnach 2 Millimeter.

In der 25 : 000er Karte misst ein Planquadrat vier Zentimeter im Quadrat. Dies entspricht ebenfalls einem Kilometer in der Wirklichkeit. In der Karte sind 100 Meter 4 Millimeter.

In der Regel ist es nicht nötig, auf Wanderungen auch noch ein Millimetermaß mitzunehmen. Es reicht die Schätzung der Millimeterlinien.

Sollten in Ihrer Navigation weitere Buchstaben angezeigt werden, z.B. MF oder NF, so können Sie diese vernachlässigen, weil sie ebenfalls nur die 100-Kilometerquadrate angeben, und für die Lagebestimmung unerheblich sind.

Festellen des eigenen Standortes

- Stellen Sie sich an einen markanten Geländepunkt, zum Beispiel eine Kreuzung, ein auffälliges Bauwerk, eine

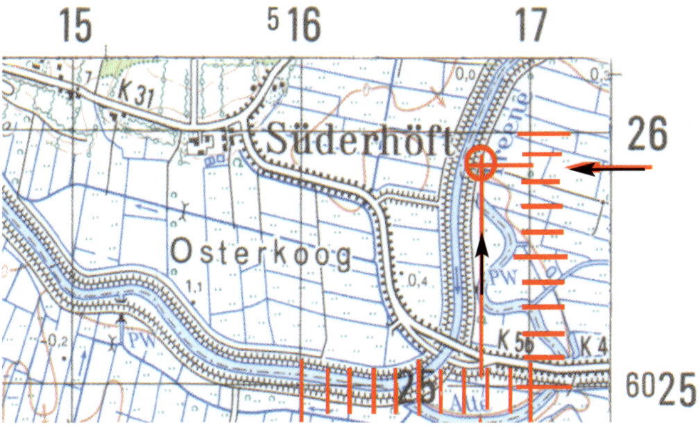

Grundlage: Topographische Karte 1:50 000. Vervielfältigt mit Genehmigung des Landesvermessungsamtes Schleswig-Holstein vom 17.01.2005. Geschäftszeichen: 1-562.6 S 33/05

Höhenkuppe. In unserem Beispiel ist dies der abzweigende Weg von der Treene in Richtung Brunsholm nach Osten. Wir haben ihn mit Wegepunkt 3 markiert.

- Führen Sie eine Messung durch. Auf Ihrem GPS-Gerät erscheint unter UTM die Anzeige 32 U 05 16 770 und 60 25 856.
- Zum Übertragen der Koordinate in die Karte gehen Sie folgendermaßen vor: Suchen Sie das Planquadrat 16/25 in der Karte.

  Orientieren Sie sich an den Angaben an den Kartenrändern, am oberen Rand der Karte (Linie 16) und am rechten Rand der Karte (Linie 25). Die Ziffern stehen an bestimmten Punkten auch in der Karte. Messen Sie in Gedanken auf einer Skala von null bis zehn, in die Sie die Linie von 16 aus nach rechts bis Linie 17 unterteilen, ca. 8 gleiche Teile ab. Von dort gehen Sie nun nach oben, indem Sie ca. 9 gleiche Teile abmessen. Sie können nun den eigenen Standort in die Karte übertragen, z.B. mit einem Kreis oder Kreuz. Zur Übertragung von Messpunkten aus dem Wanderbuch in die Karte verfahren Sie ebenso. (Abbildung Seite 163.)

Festlegen eigener Wegepunkte

Grundlage: Top.Karte 1:50 000. Vervielfältigt mit Genehmigung des Landesvermessungsamtes Schleswig-Holstein vom 01.04.2005. Geschäftszeichen: 12-562.6 S 241/05

Wie in obigem Beispiel wollen Sie den Wegeabzweig von der Treene nach Osten als ersten Wegepunkt in Ihr Navigationsgerät eingeben.

- Markieren Sie den Wegepunkt durch einen Kreis mit einem Bleistift auf der Karte.
- Suchen Sie die nächste senkrechte Gitterlinie links des Wegepunktes auf und lesen Sie deren kleine und große Ziffern am oberen oder unteren Kartenrand ab. Ergänzen Sie diese Ziffern **immer** links um eine 0. Dies ist wegen der 7-stelligen Angabe im UTM-System notwendig. Sie erhalten ^{05} 16.
- Messen oder schätzen Sie den Abstand von dieser Gitterlinie bis zum Wegepunkt in Millimeter. Es sind 15,4 mm. Da wir eine Karte im Maßstab 1:50 000 haben, teilen Sie diesen Wert durch 2. Für die Ergänzung des Ostwertes erhalten Sie 7,7, dies entspricht 770 Meter.
  Suchen Sie die nächste waagerechte Gitterlinie unterhalb des Wegepunktes auf und lesen Sie deren kleine und große Ziffern am rechten oder linken Kartenrand ab. Sie erhalten ^{60}25.
- Messen oder schätzen Sie den Abstand von dieser Gitterlinie bis zum Wegepunkt in Millimeter. Es sind 17,1 mm. Wegen des Maßstabs teilen Sie diesen Wert wiederum durch 2. Für die Ergänzung des Nordwertes erhalten Sie 8,55 also 855 Meter.
- Übertragen Sie gemäß der Gebrauchsanweisung Ihres GPS-Gerätes nun das Zonenfeld: in Schleswig-Holstein immer 32 U, den Ostwert 05 16 770 und den Nordwert 60 25 855.
- Verfahren Sie mit weiteren Wegepunkten genauso.

Auf der Anzeige des Navigationsgeräts erscheinen die Wegepunkte und sind ggf. mit Strichsymbolen miteinander verbunden. Über die Anzeige Ihres aktuellen Standortes während der Wanderung zu den Wegepunkten, haben Sie immer einen Anhalt, ob und wie Sie sich dem nächsten Punkt nähern. (Abbildung Seite 161.)

Glossar

Au
In Norddeutschland gebräuchliche Bezeichnung für Bachläufe und kleinere Flüsse.

Banke
dänisch: Auflandung, ursprünglich eine Art Sandbank.

Brook
Bruch, bewaldetes Feuchtgebiet.

Buhne
Ins Meer gebautes, reihenförmiges Hindernis zum Brechen der Wellen und zur Verhinderung von Sandausspülungen.

Dam
dänisch: Teich, Tümpel.

Förde
Aus Gletschervorstößen entstandene lange Meeresbuchten in Schleswig-Holstein (Skandinavien: Fjorde).

Halligen
Kleinere Inseln in der Nordsee, teilweise durch Dämme mit dem Festland verbunden.

Haubarg
Alte Form von Bauernhöfen in Nordfriesland (Heuberg).

Geest
Hügelland. Folgt in Schleswig-Holstein nach Osten auf die Marsch.

Huk
Küstenvorsprung.

Kliff
Steilküste an Nord- und Ostsee. Im Binnenland der Westküste auch **Klev** genannt. Rand der Geest.

Knick
Bepflanzter Erdwall zur Abgrenzung von Feldern. Gepflanzte Bäume wurden früher systematisch geknickt, damit sie seitlich auswuchsen und anschließend in der Form von Harfen nach oben wuchsen. Dienten so als natürliche Zäune.

Koog
Dem Meer abgewonnenes, eingedeichtes Marschland. (niedersächsisch: Groden, niederländisch: Polder).

Kro
dänisch: Wirtshaus. Von Krog: Krug.

Langbetten
Grabanlagen der Steinzeit. Tote wurden in den Steinkammern der Langbetten bestattet.

Marsch
Schwemmland, das aus Meeresablagerungen aufgewachsen ist. In den Kögen durch Landgewinnung entstanden.

Moräne
Ablagerung von Erde und Gestein nach der Schmelze eines Gletschers. Meist höher als das flache Umland oder Teil einer Hügelkette.

Noor
Haff, vom Meer fast vollständig getrennter Meeresarm oder See.

Odde
In die See hineinragende Landspitze.

Priel
Wasserlauf im Watt oder Vorland.

Siel
Selbständig durch die Einwirkung der Gezeiten sich schließender oder öffnender Wasserdurchlass durch einen Deich. Auch Sieltor genannt. In Niedersachsen und Hamburg auch: Brack.

Sti
dänisch: Pfad, Fußweg, Steg.

Vorland
Vor dem Deich gelegenes, nicht eingedeichtes Gebiet. Meist Salzwiesen oder Sandbänke.

Warft
Künstlich aufgeschütteter Siedlungshügel. In Dithmarschen auch: Wurt.

Watt
Seichter Meeresstreifen in der Nordsee. Zweimal am Tag von Wasser überflutet. Besteht hauptsächlich aus Schlick.

Wehle
Teich auf der Landseite eines Deiches. Häufig nach einem Deichbruch übriggebliebenes Wasserloch.